Nostradamus

Viele Vorhersagen von Nostradamus haben die Menschheit schon verunsichert. Auch wenn sich etliche Prophezeiungen in den Auslegungen unterschiedlichster Nostradamusforscher nicht oder nur teilweise bewahrheitet haben, sind die Äußerungen des alten französischen Gelehrten selbst von beinahe unheimlicher Genauigkeit.
Peter Lemesurier hat das Quellenmaterial eingehend studiert, die Themen und Jahreszahlen geordnet und kommt zu einem verblüffenden Ergebnis. Wenn bestimmte vorhergesagte Ereignisse nicht eingetreten seien, so sei das nicht auf Nostradamus' Fehlbarkeit, sondern auf die Fehler seiner Interpreten zurückzuführen, die dessen Aussagen mit ihren eigenen Erwartungen von der Zukunft verwoben hätten und alles auf ihre eigene Zeit, ihr eigenes Land oder ihr Interessengebiet bezogen hätten.
Unterhaltsam und spannend schildert Lemesurier, was die Menschen in den kommenden Jahrzehnten zu erwarten haben.

Peter Lemesurier, geboren 1936, lehrte Sprachen an der Cambridge University und arbeitete außerdem als Musiker, Pilot und Übersetzer.
Er hat zahlreiche Bücher veröffentlicht, unter anderem den Titel »The Great Pyramid Decoded«, der in Großbritannien ein Bestseller wurde.

Peter Lemesurier

Nostradamus

Was uns die Zukunft bringt

Aus dem Englischen
von Andrea Witte

Econ & List Taschenbuch Verlag

Gekürzte Ausgabe
Econ & List Taschenbuch Verlag 1999

Titel der englischen Originalausgabe:
NOSTRADAMUS:
The Next 50 Years (Judy Piatkus [Publishers] Ltd.)

Der Econ & List Taschenbuch Verlag ist ein Unternehmen
der Verlagshaus Goethestraße GmbH & Co. KG, München
Aus dem Englischen übersetzt von Andrea Witte
Umschlagkonzept: Büro Meyer & Schmidt, München – Jorge Schmidt
Umschlaggestaltung: Reinhard Soll, München
Titelabbildung: AKG, Berlin
Gesetzt aus der Caslon, Linotype
Satz: Josefine Urban – KompetenzCenter, Düsseldorf
Druck und Bindearbeiten: Ebner Ulm
Printed in Germany
ISBN 3-612-20953-1

Ein Wort des Danks

Herzlichen Dank an Susan Mears, die die Anregung zu diesem Buch gegeben hat, an Elen Sandhu und Hywel Edwards, die es durchgesehen haben, an Max und Jean-Charles de Fontbrune, die mir den Weg gewiesen haben, und an Erika Cheetham, die mich durch ihr Buch »The Final Prophecies of Nostradamus« auf die 1568 erschienene Ausgabe des französischen Originals von Nostradamus in der Oxforder Taylorian Library aufmerksam gemacht hat.

Inhalt

Einleitung
Eine Neuübersetzung

Als mir zum ersten Mal vorgeschlagen wurde, ein Buch über Nostradamus zu schreiben, hatte ich große Bedenken. Bei meinen früheren Untersuchungen zu Prophezeiungen und ihren Wirkungsweisen hatte ich mich näher mit den Kommentatoren über den berühmten französischen Seher befaßt und den Eindruck von einem düsteren und offenbar verwirrten Kopf bekommen; ich bezweifelte seine angebliche Genauigkeit und mißtraute seinen Beweggründen geradeheraus. Wer war dieser finstere Mensch, der bereit war, mit so leidenschaftlicher Hingabe Düsterkeit über die Welt zu verbreiten? War ihm nicht klar, welchen Schaden er möglicherweise anrichten konnte, welche Ängste er nähren konnte, welchen gefährlichen Gedanken er Vorschub leisten konnte?

Die jüngsten und weithin anerkannten Übersetzungen waren sich immerhin einig, daß unser nächstes Jahrzehnt nach Nostradamus' Vorhersagen eine Zeit des reinen

Schreckens für die ganze Welt sei. Da sollten der Antichrist und der Weltuntergang kommen, ein Atomkrieg zwischen den Westmächten und dem Warschauer Pakt, weltweite Hungersnöte, Pestepidemien und sämtliche apokalyptischen Greuel der biblischen Offenbarung des Johannes – und das alles zum Ende des zwanzigsten Jahrhunderts. Tatsächlich sollte – so steht es in der Mehrzahl der nostradamischen Prophezeiungen – 1999 ein großer »König des Schreckens« vom Himmel herabsteigen, um Zerstörung auf die verdammte Welt zu bringen, auch wenn die Menschen offenbar dazu bestimmt waren, noch ein bißchen länger zwischen den sich türmenden Übeln umherzuirren.

Ich wußte natürlich nicht, ob an alldem ein Funken Wahrheit war. Aber ich fragte mich, ob die Vorhersagen des Nostradamus nicht selbst dazu beitragen konnten, die Ereignisse herbeizuführen. Könnte nicht die eifrige Neuverbreitung seiner Botschaft durch moderne Interpreten dazu führen, in unseren Köpfen wieder dementsprechende Erwartungen zu wecken und so dem Eintreten des Vorhergesagten Vorschub leisten? Könnte das ganze Szenario nicht, kurz gesagt, eine sich selbst bewahrheitende Prophezeiung sein und jede zusätzliche Auslegung meinerseits nur dazu beitragen, das Ganze geschehen zu lassen?

Ich hätte mir keine Gedanken machen brauchen. Schließlich war es inzwischen schon Herbst 1992. Der

Kalte Krieg war seit kurzem beendet. Es existierte nicht einmal mehr eine Sowjetunion oder ein Warschauer Pakt, die die düsteren Voraussagen hätten erfüllen können. Obwohl es überall noch viele Atomwaffen gab, bestand für keine der Weltmächte weiterhin ein Grund, sich damit gegenseitig zu bekämpfen, und sie schienen auch nicht im geringsten geneigt, dies zu tun. Der atomare Weltuntergang schien somit höchst unwahrscheinlich. Abgesehen vom vergleichsweise machtlosen Saddam Hussein gab es kein Anzeichen, daß irgendein Machthaber auch nur näherungsweise die Rolle eines universellen Antichristen spielen könnte. Plötzlich war das Ende der Welt in weite Ferne gerückt, hatte sich in ein großes Fragezeichen verwandelt. Wenn es überhaupt ein Jüngstes Gericht geben sollte, so schien es am ehesten über die Übersetzer und Interpreten hereinzubrechen – es sei denn, Nostradamus wäre derjenige, der sich geirrt hat.

Ein neuer Ansatz

Folglich war es also sinnvoll, die Schriften des Sehers aufs neue zu untersuchen, und zwar diesmal aus einer völlig veränderten Perspektive. Denn als ich nun in der Rolle des professionellen Übersetzers die mir schon bekannten französischen Verse betrachtete, wurde schnell deutlich, daß viele von ihnen eben nicht das besagten, was frühere Ausleger lange angenommen hatten. Besonders der so gefürchtete »König des Schreckens« entpuppte sich als etwas ganz anderes: Ich fand heraus, daß er nichts weiter als ein größerer Anführer war, dem viel Geld zur Verfügung stand. Obwohl seit Jahrhunderten Übersetzungen der Prophezeiungen erschienen waren, enthielten diese nur zu oft eine erschreckende Zahl von Übersetzungsfehlern, wie sich nun ebenfalls herausstellte.

Aber warum war das so? Wahrscheinlich weil Nostradamus' Voraussagen, obwohl sie deutlich zusammengehören, keiner Art logischem System folgen (siehe Seite 25 »Verschleiern der Prophezeiungen«). Die meisten Kommentatoren haben daher versucht, jede Strophe mehr oder weniger für sich auszulegen, obgleich man das mit Nostradamus' verschlüsselten Versen ebensowenig tun kann, wie man die einzelnen Teilchen eines Puzzles zusammensetzen kann, wenn man die Schachtel mit der Abbildung verloren hat. Zwar bemühten sich einige Deutsche, die Teile nach einer bestimmten logischen Struktur zusammenzufügen – aber sie legten dabei ihre eigenen zweifelhaften Auffassungen wie eine Art Schablone über den Deutungsprozeß, so daß das ganze Unternehmen unbrauchbar wurde.

Offensichtlich waren beide Ansätze unbefriedigend. Für dieses Buch mußte ich daher praktisch bei Null anfangen. Ich kehrte zum Original zurück, dem französischen Text aus dem sechzehnten Jahrhundert. Ich mußte mein angelesenes Wissen und meine Vorurteile aus dem Weg räumen und durfte mich statt dessen nur an wiederkehrenden Inhalten, Ausdrücken, Ortsnamen und Zeitangaben orientieren, die Briefe und gelegentlichen zusammenfassenden Verse des Nostradamus zu Hilfe nehmen, um eine wahrscheinliche Abfolge der Verse zu rekonstruieren. Und tatsächlich führten Paarungen bald zu Gruppen und Gruppen zu größeren Einheiten, bis sich am Ende eine Reihenfolge ergab, die wenig mit dem gemein hatte, was in früheren Kommentaren nahegelegt worden war.

Die bevorstehende Invasion

Die Botschaft für unsere eigene nahe Zukunft war und ist erstaunlich. Nach Nostradamus haben wir eine gewaltige Invasion des europäischen Mittelmeerraumes durch Horden aus dem Osten zu erwarten, die asiatisch, muslimisch *und rot* sind (was auch immer er damit meint).

Die Eindringlinge werden vor der Jahrtausendwende Italien erreichen, sie werden sich entlang der nordafrikanischen Küste ausbreiten und über Spanien in Südfrankreich einfallen. Der Papst wird ins Rhônetal fliehen müssen, wo er verfolgt, gefangen und schließlich getötet wird: *überdies wird es offenbar der jetzige Papst sein.* (Allein dieses Detail steigert zwangsweise die Bedrohlichkeit der beschriebenen Ereignisse.) Der Vatikan wird später zerstört werden. Von Südfrankreich aus werden Millionen von Invasoren ohne Unterlaß plündernd und raubend nach Norden vorrücken und besonders die katholische Kirche verfolgen. Mit Hilfe einer Art von Luftfeuerwaffe werden sie die Hauptverteidigungslinien an der Garonne und der Loire überrennen, bis sie schließlich die Küste des Ärmelkanals erreichen. Förmlich in letzter Minute wird eine Invasion Englands abgewendet; dies gelingt dann aber eher aufgrund von Unstimmigkeiten in den asiatischen Reihen als durch die Überlegenheit der Verteidiger.

Die Geschichte des Zweiten Weltkriegs wird sich wiederholen, wenn eine gewaltige Gegeninvasion der Alliierten beginnt (Nostradamus glaubte ganz fest an sich wiederholende Abläufe). Diesmal wird sie jedoch von Großbritannien und Deutschland zusammen ausgehen. Dank einer hervorragenden Invasionstaktik werden die Eindringlinge aus einem inzwischen verfallenen und größtenteils entvölkerten Frankreich, dann aus Italien und schließlich aus Spanien getrieben. Später werden sie von einem charismatischen neuen westlichen Führer, der sich wie Karl der Große zum König von Europa krönen wird, bis in den Mittleren Osten verfolgt. Eine Zeit nie dagewesenen Friedens und Wohlstands wird anbrechen und länger als ein halbes Jahrhundert Bestand haben.

Doch damit sind wir noch nicht am Ende. Der herbeigesehnte Beginn des Tausendjährigen Reiches – das Königreich auf Erden aus den Evangelien – wird nach Nostradamus allerdings noch mindestens weitere siebenhundert Jahre auf sich warten lassen. Es folgt eine neue Reihe von schweren Leiden und Unbill für die Menschheit im allgemeinen ...

Dieses also ist es, was ich als Nostradamus' Botschaft entziffert habe – und er wiederholt es des öfteren, anschaulich und sehr detailliert. Sein Entwurf ist dramatisch, manchmal sogar entsetzlich, aber er ist keinesfalls nur düster. Ganz im Gegenteil hat er so gut wir nichts mit dem zu tun, was in den meisten der schon vorhandenen Interpretationen vorhergesagt wird. Soweit ich weiß, ist das noch nie vorher so beschrieben worden. Erst durch das Ende des vieldiskutierten Kalten Krieges und der damit verbundenen atomaren Bedrohung ist es tatsächlich möglich geworden, diese Vision sichtbar werden zu lassen. Nur das erzwungene Ende der alten Interpretationen hat das Entstehen von neuen möglich gemacht.

Über dieses Buch

Ich schlage vor, zu Beginn kurz einen Blick auf Nostradamus, den Menschen, zu werfen und seine Lebensgeschichte zu erzählen. Darauf werde ich seinen prophetischen und schriftstellerischen Werdegang sowie einige seiner Arbeitsmethoden darstellen. In Kapitel 2 werde ich zeigen, wie die Interpreten und Kommentatoren sich bemühten, dem unergründlichen Rätsel des Propheten aus der Provence irgendeinen Sinn zu geben. Auch werde ich die Gesetze der Prophetie untersuchen, die von mir entworfenen Grundsätze der Interpretation darlegen und kurz erklären, wie ich zu meiner Reihenfolge gelangt bin. Kapitel 3 wird eine Auswahl der erfolgreichsten Weissagungen des Sehers unter die Lupe nehmen.

Flieh! Auf! Hinaus ins weite Land!
Und dies geheimnisvolle Buch,
Von Nostradamus' eigner Hand,
Ist dir es nicht Geleit genug?

Goethe, Faust (I,1)

1
Der Seher

Es sitzt des nachts der fleißige Scholar,
Auf den metallenen Dreifuß blickt er starr.
Im Dunkeln drängt ein Flackern rätselvoll,
Zu künden, woran niemand zweifeln soll.

Centuries (I.1) (Lateinischer Vierzeiler)

Beklemmung, Angst, Endzeitstimmung – das sind normalerweise die Reaktionen der Menschen von heute, wenn sie den Namen Nostradamus hören. Der mysteriöse mittelalterliche Doktor und Seher wirkt auf uns wie ein Zauberer, ein düsterer und bedrohlicher Meister des Okkulten, wie jemand, der in die undurchsichtigen Geheimnisse der Astrologie und Hexerei eingeweiht ist. Viele haben ihn mit Mephisto selbst in Verbindung gebracht.

Nicht, weil er tatsächlich so war, sondern weil seine verworrenen und eigenartigen Verse so eingestuft werden, besonders von denen, die sie nie gelesen haben.

Es ist fast so, als würde dieser angesehene Arzt und Okkultist des sechzehnten Jahrhunderts, ein Zeitgenosse seines englischen Gegenstücks, des gefeierten Hofastrologen Königin Elisabeths I., Dr. John Dee, durch seine Verse nicht nur die Zukunft voraussagen, sondern sie tatsächlich von seinem Grab aus kontrollieren, obwohl er nun schon seit über vierhundert Jahren tot ist.

Offensichtlich haben das auch die ehemaligen Führer der Nazis in Deutschland geglaubt. Oder sie wollten auf zynische Weise den verbreiteten Aberglauben für ihre Zwecke nutzen. Nicht nur das Propagandaministerium von Goebbels, sondern auch Himmlers SS befaßte sich eingehend mit den Prophezeiungen. Ihr Ziel scheint gewesen zu sein, zuerst das Schicksal der Welt im allgemeinen und dann das des Dritten Reiches im besonderen zu ergründen, und danach die Welt von ihren Schlußfolgerungen zu überzeugen. Die Briten und Amerikaner schlugen nicht weniger zynisch zurück. Am aufrichtigsten tat das einer der größten französischen Nostradamus-Kenner, Dr. Max de Fontbrune. Sein Buch über die Prophezeiungen Nostradamus', 1938 veröffentlicht, sagte zwar die Invasion Frankreichs durch die Deutschen voraus, kündigte aber auch die darauf folgenden Siege der Alliierten in Nordafrika an, die Invasion Italiens, die Schande von Marschall Pétain, die triumphierende Rückkehr von General de Gaulle nach Frankreich und die Niederlage und Teilung Deutschlands. Es überrascht nicht, daß die deutschen Besatzer das Buch fast direkt nach ihrer Ankunft in Frankreich 1940 verboten. De Fontbrune selbst wurde von der Gestapo verfolgt. Es war, als glaubten sie, wenn sie die prophetischen Deutungen angriffen, indem sie sozusagen den Boten für die Botschaft bestraften, würde sich der Weltenlauf irgendwie ändern. Seltsamerweise steckt in dieser Auffassung tatsächlich mehr als nur ein Körnchen Wahrheit. Prophezeiungen scheinen Ereignisse tatsächlich teilweise zu bedingen.

Wenn dem so ist, dann ist es buchstäblich lebensnotwendig, daß wir nicht die falschen Schlüsse ziehen. Wenn wir uns, wie schon viele, irgendwie davon überzeugen können, daß Nostradamus für die übrigen Jahre des gegenwärtigen Jahrhunderts eine Zeit des Atomkriegs, weitverbreiteten Völkermords und der Hölle auf Erden voraussagte, dann ist das wahrscheinlich genau das, was wir zu erwarten haben. Wenn wir aber herausfinden, daß seine im tranceähnlichen Zustand empfangenen Orakel nichts Derartiges verheißen, was auch immer der nüchterne Nostradamus nach der Vision darüber gedacht haben mag, kann diese Erkenntnis ebensogut handfeste, praktische Konsequenzen haben.

Daher also brauchen wir dringend ein neues und besonneneres wissenschaftliches Buch wie dieses.

Student und Arzt

Michel de Nostredame (sein Name scheint schlicht von seiner heimischen Pfarrkirche herzurühren) war von einfacher, jüdisch-französischer Herkunft. Am 14. Dezember 1503 (nach julianischem Kalender) in St. Rémy-de-Provence geboren, wurde er im römisch-katholischen Glauben erzogen, zu dem die Familie seit kurzem von der jüdischen Religion ihrer Vorfahren übergetreten war, aus verständlicher Sorge über ihr eigenes Überleben in einer Zeit wachsender religiöser Bigotterie.

Der älteste von fünf Söhnen wurde von seinem Großvater mütterlicherseits erzogen, einem Arzt und Naturheilkundler, der ihn Griechisch, Latein, Hebräisch, Mathematik und Astronomie lehrte, das damals noch nicht von der Astrologie getrennt wurde. Früh bekehrt zur kopernikanischen Theorie, daß sich die Erde um die Sonne dreht und nicht andersherum, studierte der junge

Nostradamus an den Universitäten von Avignon und Montpellier, wo er Medizin als Hauptfach wählte. Nach seinem Abschluß 1525 kehrte er der akademischen Laufbahn den Rücken, um ein Leben als reisender Arzt aufzunehmen. Damals war gerade die Pest auf ihrem Höhepunkt, und Nostradamus verdiente sich bald beachtliche Anerkennung für seine ungewöhnlichen Behandlungsmethoden. Er bestand auf guten hygienischen Verhältnissen, benutzte bereits einfache Antiseptika und scheint von den Übertragungswegen der Krankheit mehr als nur eine flüchtige Ahnung gehabt zu haben; er weigerte sich hartnäckig, seine Patienten zur Ader zu lassen, was die traditionelle Medizin hingegen forderte. Darüber hinaus war er wirklich bereit, die Kranken zu pflegen. Er teilte nicht die gängige Meinung, daß die Krankheit eine Art wohlverdienter göttlicher Fluch sei und daß diejenigen, die an ihr litten, gemieden werden müßten »wie die Pest«, wie wir heute noch sagen – vielleicht ein frühes Anzeichen für die schon beinahe fatalistische Einstellung gegenüber der Aidsepidemie, die heutzutage so oft von christlichen Fundamentalisten vertreten wird.

Dies alles war dem herrschenden medizinischen Establishment natürlich ein Dorn im Auge. In der Tat war man damals der Meinung, soche Ideen seien des Teufels. So war es fast ein Wunder, daß dem jungen Mann erlaubt wurde, nach Montpellier zurückzukehren, um dort seinen Doktor zu machen. Nichtsdestotrotz schloß er sein Studium 1529 erfolgreich ab. Dann machte er sich wieder auf die Reise.

Bis 1534 lebte er im Haus des angesehenen Philosophen Julius César Scaliger in Agen, wo er zu Wohlstand kam, heiratete und zwei Kinder zeugte. Seine glückliche Zeit aber war nur von kurzer Dauer, denn schon bald traten die ersten Pestfälle in der Stadt auf, und kurz darauf starben seine Frau und seine Familie an dieser Krankheit. Diese private Katastrophe zerstörte Nostradamus nicht nur persönlich, die Kunde davon bedeutete auch das Ende seiner Praxis. Denn wer vertraute noch einem Arzt, der selbst überlebte, seine Lieben aber nicht retten konnte?

Weitere Schicksalsschläge folgten: Er zerstritt sich mit seinem Gastgeber, wurde von der Familie seiner verstorbenen Frau verfolgt, und zu alledem begann die Inquisition, ihn wege Häresie zu jagen. Nostradamus' Reaktion war vorherzusehen: Er machte sich wieder auf die Reise. Im Laufe der nächsten sechs Jahre tauchte er in Lothringen, Venedig und Sizilien auf, überall sammelte er bei den örtlichen Apothekern Material für sein geplantes Medizinbuch. Über den größten Teil seines Lebens zu jener Zeit aber wissen wir überhaupt nichts, und so wurden fast zwangsläufig Erzähler und Romanciers angeregt, das Vakuum mit phantasievollen Geschichten von erstaunlichen persönlichen Prognosen und mit Legenden über fast magische Vorahnung zu füllen.

1544 war der Wandersmann zurückgekehrt, diesmal nach Marseille, wo die ungewöhnlich heftigen Überflutungen während des Winters die Nagetiere aus ihren Höhlen gespült hatten und so eine erneute Pestplage nach sich zogen – mehr Arbeit für Nostradamus also. Im Mai jenes Jahres war es die stark betroffene Stadt Aix-en-Provence, die ihn zu Hilfe rief. Wie immer nahm Nostradamus gerne an, bestand lediglich auf frischer Luft und klarem Wasser für seine Patienten. Dort arbeitete er fast ganz alleine und wurde zum gefeierten Mann der Stunde.

Prophet und Schriftsteller

Es folgte seine zweite Ehe, diesmal mit einer reichen Witwe namens Anne Ponsart Gemelle (ihr gemeinsames Haus in Salon, das noch steht, wurde zu seinen Ehren renoviert). Er vernachlässigte die Medizin und wandte sich dem Schreiben zu. Sich deutlich bewußt, einer Linie naturbegabter Hellseher anzugehören, hatte er schon seit 1550 einen jährlich erscheinenden *Almanach* herausgegeben – dennoch hütete er sich stets (aus offensichtlichen Gründen), seine Gabe als gottgegeben zu bezeichnen und sie mit der biblischen Prophezeiung in Verbindung zu bringen, daß »eure alten Männer Träume träumen werden und eure jungen Männer Visionen haben werden«. Nachdem er nun das oberste Stockwerk seines Hauses als Studierzimmer eingerichtet hatte, macht er sich an ein Werk namens *Prognostications*.

Aber das Größte und Beste stand noch bevor. Denn nun widmete er sich einer viel umfassenderen Arbeit, einer umfangreichen Sammlung allgemeiner Prophezeiungen mit dem Titel *Centuries*. Sie sollte aus zehn Büchern mit je hundert vierzeiligen Strophen bestehen – tausend Vierzeilern insgesamt – und all die größeren Ereignisse von Nostradamus' Zeit an bis zum Ende des gegenwärtigen Zeitalters und dem Beginn des Tausendjährigen Reiches ausführlich vorhersagen.

Seine genauen Arbeitsmethoden sind weitestgehend unbekannt, obwohl sie in den ersten beiden Vierzeilern (der erste der beiden leitet dieses Kapitel ein) grob beschrieben werden. Die meisten seiner Einsichten scheint er mit Hilfe einer Kristallkugel gewonnen zu haben, nämlich durch das Betrachten von Bildern, die in einem wassergefüllten Gefäß erschienen, das auf einem Dreifuß aus Messing stand, entweder bevor oder nachdem er mit einem

Zauberstab seine Füße und den Saum seines Gewandes mit Wasser aus dem Gefäß besprengte. Er scheint sich auch selbst in eine Art tranceähnlichen Zustand versetzt zu haben, währenddessen er mysteriöse Stimmen hörte. Offensichtlich hat er monatelang den größten Teil der Nacht mit diesen Prozeduren verbracht, da es die beste Zeit war, um die Ruhe und Einsamkeit zu finden, die er brauchte. Daneben wendete er eine Vielzahl von Techniken an – darunter uralte Bücher und astrologische Berechnungen –, um bei den erhaltenen Einblicken eine größere Genauigkeit zu erreichen, besonders im Hinblick auf ihr Wann und Wo. Zu guter Letzt machte er sich die Mühe, die visionären Ergebnisse gezielt in gereimte Vierzeiler umzuarbeiten, wodurch sie nicht nur einprägsam und schwer fälschbar wurden, sondern auch eine beschwörende Melodie erhielten, wie man sie früher bei den antiken sybillinischen Orakelsprüchen kannte.

Verschleiern der Prophezeiungen

Da hellseherische Einblicke nun einmal intuitiv sind, kamen Nostradamus' Visionen natürlich in keiner bestimmten Reihenfolge. Das tun solche Bilder selten, genausowenig wie unsere nächtlichen Träume geordnet sind. Die spätere Auffassung, daß er sie absichtlich durcheinanderbrachte, scheint sich jedoch nicht auf Tatsachen zu stützen. Mit den Argusaugen der Inquisition im Rücken und dem Risiko, der Hexerei angeklagt zu werden, wenn seine Vorhersagen zu deutlich in Erfüllung gingen, verbrannte er allerdings nicht nur seine schriftlichen Quellen, sondern achtete auch darauf, daß seine Weissagungen nicht zu klar und deutlich waren – »auf eine eher verschwommene als deutlich prophetische Arbeit geschrieben«, wie er sich später ausdrücken sollte. Wir werden im nächsten Kapitel sehen, wie er eben das erreichte und wie wir folglich hoffen können, ihn zu entschlüsseln.

Wie präzise auch immer seine ursprünglichen Visionen gewesen sein mögen, bei der nun folgenden »Aufräum«-Phase wurden sie einem ganzen Knäuel von Gefahren ausgesetzt. Wie wir auch in unserem nächsten Kapitel sehen werden, war es ein besonderes Risiko, die ursprünglichen Bilder mit den geltenden religiösen Glaubensinhalten und Endzeitvorstellungen zu überblenden. Je mehr das Bewußtsein Nostradamus' diesen Prozeß steuerte, desto wahrscheinlicher ist das der Fall. Als er schließlich sein opus magnum mit einem Vorwort in Form eines offenen Briefes an seinen neugeborenen Sohn César abschloß (wahrscheinlich nach seinem früheren

Gastgeber in Agen benannt), siegten die allgemeingültigen Vorstellungen fast vollständig. Da sollte es unsägliche Katastrophen geben, die Pest, Hungersnöte, Revolutionen, Überschwemmungen und Plagen, »schrecklicher als je zuvor«. So wie es schon vor ungefähr zweihundert Jahren durch die Pest geschehen war, sollte die Menschheit so stark reduziert werden, daß kaum jemand noch zum Bestellen der Felder übrigblieb. Erst danach, nach dieser Zeit des Schreckens, würde das endgültige Goldene Zeitalter oder Millennium eintreten.

Das war gut und schön, aber alles schon entweder gesagt worden oder geschehen. Die Offenbarung des Johannes in der Bibel war voll davon, die Geschichte ebenso. Und es bedurfte keiner großen Mühe vorherzusagen, daß auch in der Zukunft ähnliches geschehen würde – wahrscheinlich sogar mehrmals. Und wirklich hat sich einiges davon in unserem Jahrhundert schon wieder erfüllt. Ob das grausige Endzeitszenario des Briefes noch irgend etwas mit dem gemein hat, was Nostradamus' nächtliche Visionen tatsächlich offenbarten, müssen wir daher auf eigene Faust untersuchen, indem wir uns die Vierzeiler selbst sorgfältig ansehen und dabei die erfolgte »Aufräumarbeit« des Sehers vorsichtig mit einbeziehen.

Und wir sollten seine Behauptung in eben diesem Brief, die Prophezeiungen deckten einen Zeitraum bis zum Jahr 3797 ab, nicht zu ernst nehmen. Nach seinen eigenen abstrusen Berechnungen aufgrund von biblischen Zeitangaben und dem angenommenen Datum der Erschaffung der Welt mag er zwar recht gehabt haben. Aber die weissagenden Verse selbst erwähnen kein solches Datum. Womit sie sich allerdings besonders zu beschäftigen scheinen, sind die Jahre bis 1999 (eine Zahl, die des öfteren erwähnt wird).

Verschiedentlich hat Nostradamus darauf hingewiesen, daß er seine Prophezeiungen bis in das, wie er es nannte, »Siebte Millennium« reichen sah, das nach seiner Deutung der biblischen Zeitangaben irgendeinen Zeitpunkt zwischen 1827/8 und 2827/8 meinen konnte (übrigens stellte er auch klar, daß er davon ausging, daß die Zeit selbst noch um einiges länger weitergehen würde). Nichtsdestotrotz kann kaum bezweifelt werden, daß sich ein großer Teil der noch nicht erfüllten Prophezeiungen auf unsere Zeit und die frühen Jahre des 21. Jahrhunderts bezieht.

Ruhm und Ehre

Das große Projekt sollte jedoch nie fertiggestellt werden. Als es 1555 erstmals veröffentlicht wurde, bestand es nur aus den ersten drei *Centuries* sowie aus einem Teil des vierten (das altfranzösische Wort *»centurie«* bezieht sich hier auf eine Gruppe von hundert Versen und hat nichts mit »Jahrhundert« zu tun). Auch der Ausgabe von 1568 fehlten noch über fünfzig der für die siebte Centurie vorgesehenen Vierzeiler, obwohl sie schon den einleitenden Brief an Nostradamus' kleinen Sohn César und einen seltsamen vierzeiligen Fluch in lateinischem Kauderwelsch am Ende von *Centurie* VI enthielt. Ebenso fand sich darin eine rätselhaft symbolische Nacherzählung seiner Weissagungen in Form eines weitschweifigen Ergusses mit dem Titel *Brief an Heinrich den Zweiten, König von Frankreich*. Zusätzlich wurden den verschiedenen nun folgenden Ausgaben 141 *Présages* (Omen) und 58 *Sixains* (Sechszeiler) einverleibt, und die *Centurie* VIII wurde um acht zusätzliche Vierzeiler bereichert. Dazu kamen dreizehn neue, die offenbar für zwei weitere *Centuries* bestimmt waren, aber nie vervollständigt wurden.

Ob sie nun vollständig war oder nicht, die Wirkung der Sammlung war jedenfalls ebenso unmittelbar wie elektrisierend. Umgehend zitierte man Nostradamus an den Königshof, wo er gefeiert und von allem und jedem konsultiert wurde, nicht zuletzt von Königin Katharina de Medici selbst. Er wurde gebeten, für alle Kinder der Königsfamilie Horoskope zu erstellen – eine schwierige und knifflige Aufgabe angesichts des Schicksals, das er, was die Königin nicht wußte, schon für fast alle von ihnen in einer *Centurie* vorhergesagt hatte, wenn auch in der üblichen verdeckten Form.

War ihm vorher nicht klargewesen, als wie gefährlich sich die von ihm gewählte Aufgabe herausstellen würde, so konnte daran jetzt kein Zweifel mehr sein, erst recht, als ihn plötzlich die Nachricht erreichte, die Richter in Paris fingen nun ernsthaft an, wegen angeblicher Zauberei gegen ihn zu ermitteln. Nostradamus reagierte wie üblich: Er machte sich wieder auf die Reise. Eilig kehrte er nach Salon zurück, wo sein frisch erworbener Ruhm jeglichen dunklen Verdacht erstickte, der über ihn im Umlauf hätte sein können. Tatsächlich wuchs sein Ansehen beständig, nachdem sich nun offenbar eine Prophezeiung nach der anderen zu erfüllen schien – besonders hinsichtlich der französischen Königsfamilie.

Die Königin war inzwischen so beeindruckt, daß sie den Seher in seinem Haus in Salon während einer ihrer königlichen Reisen besuchte. Man sagt, daß er die Gelegenheit nutzte, in ihrem Gefolge den ziemlich unbedeutenden Mann zu erkennen, der der künftige König Heinrich IV. werden sollte.

Wenige Tage später wurde Nostradamus erneut zur Königin und ihrem Sohn, dem neuen König Karl IX., nach Arles gerufen, wo man ihm ein Stipendium von 300

Goldkronen überreichte. Sein Triumph war vollkommen. Sicherlich litt er zunehmend an Gicht, Arthritis und Wassersucht, doch konnte er durch die Nachdrucke der *Centuries* im In- und Ausland (ihr Druck ist tatsächlich bis heute nicht eingestellt worden) wenigstens reich, berühmt und zufrieden sterben.

Und das tat er dann auch im Alter von 62 Jahren in der Nacht vom 1. auf den 2. Juli 1566, genau wie er es seinem Priester am Vorabend vorhergesagt hatte, und auf eben die Weise, die er offenbar schon in seinem *Présage* 141 beschrieben hatte:

Wenn einst die große Botschaft kundgemacht,
Die Königsgabe, so ist es vollbracht.
Sein bester Freund, sein treuester Gesell,
Findet ihn tot bei seinem Bettgestell.

Es war ein bemerkenswertes, auch turbulentes Leben gewesen, das auf der ganzen Welt in den kommenden Jahrhunderten Widerhall finden würde. Als er sterbend in der Stille der Nacht lag, die er so liebte, mag Nostradamus sich ein heimliches Lächeln bei dem Gedanken gegönnt haben, daß die Welt sein letztes Wort noch nicht gehört hatte.

2
Im trüben fischen

Der Leser lese dies mit weisem Sinn,
Doch meidet es, Ihr Seichten und Ihr Groben!
Sternkundler; Narren, Abschaum fahrt dahin!
Laß nur die Ehrenwerten mein Werk loben!

Centuries (VI.100)

Genaugenommen hatte Nostradamus keine Wahl. Seine Botschaft mußte absichtlich wirr klingen – oder mindestens zweideutig, unklar, obskur. Das Ganze mußte (um uns an seine Worte zu erinnern) »auf eine eher verschwommene als deutlich prophetische Art« geschrieben werden. Mit dem Gesetz und der Inquisition auf seinen Fersen wegen angeblicher Hexerei und Ketzerei hing sein nacktes Überleben und das seiner Prophezeiungen selbst davon ab.

Die *Centuries* zeigen uns das Ergebnis: Sie sind obskur bis zur Unverständlichkeit. Regelmäßig sind sie so gut wie nicht mit dem üblichen französischen Satzbau in Einklang zu bringen, obwohl Nostradamus fast immer sehr sorgfältig mit den grammatikalischen Bezügen umgeht (weitaus sorgfältiger, das muß hier gesagt werden, als die meisten seiner Möchtegern-Interpreten). Die Wörter selbst sind wenig besser. Sie sind nicht nur oft archaisch oder aus dem Lateinischen oder Griechischen entlehnt. Es ist nicht nur ihre uneinheitliche und chaotische Schreibweise (das ist für die Zeit nichts Besonderes). Oft genug sind sie absichtlich verzerrt und verdreht, entweder um in Nostradamus' gereimte Zehnsilber zu passen oder nur um den Leser zu foppen. Ein Lieblingstrick ist das Verschleiern der Wörter durch Homonyme, so wie wir im Deutschen »weise« als »Waise« schreiben könnten oder »Lehrer« wie »leerer«. So wird *son oeil* (»sein Auge«) zuerst zu einem Wort verschliffen und dann *seul* (»allein« – I.1) geschrieben; *très* (»sehr«) wird *trois* (»drei« – VIII.77), und *sang humain* (»menschliches Blut«) erhält ein neues Leben als *cent, main* (»hundert, Hand« – II.62).

Aber das ist erst der Anfang. Ortsnamen werden häufig durch antiquierte und ungewöhnliche Bezeichnungen ersetzt. Die Namen von Menschen werden ebenso häufig hinter abstrusen mythologischen oder biblischen Pseudonymen versteckt und dann aus Sicherheitsgründen als Anagramm geschrieben. Von einigen Ausnahmen abgesehen, fehlen Zeitangaben entweder vollkommen oder sind durch komplizierte astrologische Angaben verschlüsselt. Das Ganze ist nicht in glatte Prosa (und auch Nostradamus' Prosa ist alles andere als glatt), sondern in einen lose konstruierten gereimten Vers gekleidet mit all den ungewöhnlichen, elliptischen Konstruktionen und sonderbaren Ausdrucksweisen, die solch ein Vorhaben erfordert. Zudem sind die Weissagungen, wie wir gesehen haben, nicht in chronologischer Reihenfolge aufgeführt.

Darüber hinaus hat Nostradamus (in der damaligen humanistischen Tradition) von Anfang an offenbar eher in Latein als in Französisch gedacht und seine Gedanken auch dementsprechend angeordnet, ganz so, als sei er Vergil oder Ovid.

»Sie werden weder zu undurchsichtig noch zu klar zu erkennen sein«, schrieb der Weise ganz zuversichtlich an seinen Sohn César. Da César seinem Vater sehr nahe war, hatte er uns natürlich etwas voraus. Für die heutigen Leser, die in einem viel größeren kulturellen und zeitlichen Abstand zu Nostradamus leben, scheinen die Verse nur zu verworren zu sein. Und an diesem Punkt wird es für die Deuter verständlicherweise legitim – wenn nicht sogar unvermeidbar –, so gut wie alles, was sie wollen, in den Versen zu lesen.

Und das haben sie auch wiederholt getan.

Nostradamus scheint sich dieser Gefahr bewußt gewesen zu sein. »Stell dich darauf ein«, schrieb er an seinen Sohn César, »daß Gelehrte großartige und größtenteils hochtrabende Behauptungen über meine Sicht der Dinge machen werden.«

So neigen französische Interpreten selbstsicher dazu, viele der angeblich vorhergesagten Ereignisse in Frankreich zu orten, Amerikaner ebenso selbstsicher in Amerika, Briten an einem unbestimmten Ort zwischen den beiden. Die religiösen Menschen bestehen auf einer vorwiegend biblischen Interpretation der Vorhersagen, wissenschaftlich Orientierte beziehen sie auf den technischen Fortschritt, Ufo-Gläubige auf phantastische Besucher aus dem Weltall. Das ist natürlich alles sehr aufregend und dramatisch. Kann es aber mit dem, was Nostradamus wirklich sagt, in Einklang gebracht werden? An dieser Stelle kommen langsam Zweifel auf.

Wozu also die ganze Selbsttäuschung? Warum der Wunsch, etwas in den Prophezeiungen zu lesen, was eindeutig nicht da ist? Wahrscheinlich, weil wir immer, wenn wir etwas Unbekanntes verstehen wollen, versuchen, es auf unsere Art zu verstehen. In anderen Worten: wir versuchen es mit etwas uns Bekanntem in Beziehung zu bringen. Und daher betrachten wir als aufmerksame Beobachter der jetzigen Situation auf der Erde die Geschehnisse der Zukunft als reine, wenn auch unwahrscheinliche Verlängerung der jetzigen Zustände und vergessen dabei, daß es überhaupt keine erkennbare Verbindung geben muß. Wie Arthur C. Clarke sagt: »Die einzige Tatsache über die Zukunft, der wir uns sicher sein können, ist, daß sie absolut unvorstellbar sein wird.«

So sind, um nur ein Beispiel zu nennen, die in den letzten Jahren veröffentlichten Kommentare zu Nostradamus voll von Kriegen in der Dritten Welt und atomaren Auseinandersetzungen zwischen der Sowjetunion und dem Warschauer Pakt auf der einen Seite und Westdeutschland mit seinen Alliierten auf der anderen Seite. Die Interpreten hatten überhaupt nicht vorhergesehen, daß einige dieser gerade genannten Länder oder Organisationen gar nicht mehr bestehen würden, um überhaupt an ihrem farbenprächtigen Entwurf teilhaben zu können.

Und natürlich mögen die religiösen Menschen geneigt sein, die von Nostradamus vorhergesagte Zukunft ausschließlich aus der Sicht der biblischen Apokalypse zu sehen, wie sie in der Offenbarung des Johannes beschrieben wird: Hungersnöte, Epidemien, Antichrist, Weltuntergang, Jüngstes Gericht usw. So sah ja auch Nostradamus selbst als frommer Katholik die Zukunft, wenn er bei klarem Bewußtsein war. Dennoch wird sich das Ergebnis eines solchen Ansatzes als genausowenig verläßlich erweisen wie die Endzeitvorstellungen, die sich gutmeinende christliche Fundamentalisten erträumen, die überzeugt sind, daß sich die Voraussagen auf heutige Mächte und Bündnisse beziehen, und sie dementsprechend auslegen. Zwischen der seltsamerweise tröstenden Sicherheit des Kalten Krieges und der brutalen, aber kalkulierbaren Auseinandersetzung zwischen Kommunismus und Kapitalismus mögen derartige Erwartungen schon realistisch gewesen sein. Jetzt aber liegt die Sache anders – und nicht unbedingt besser. Solche Vorstellungen werden folglich immer wieder konsequent untersucht werden müssen, so wie sich die politische Landkarte der Erde ständig ändert, auflöst und wieder zu neuen und vollkommen unerwarteten Konstellationen zusammenfindet.

Und immer werden wir die Ausrede hören: »*Damals* haben wir uns geirrt. *Jetzt* haben wir recht.«

Wenn Sie möchten, können Sie das gerne glauben.

Die Gesetze der Prophetie

Was ist also das Problem? Es liegt ganz offenbar in der Tatsache, daß sich Erwartungen und Prophezeiungen nicht miteinander vereinbaren lassen. Hellseherische Einblicke wie die von Nostradamus kommen nicht mit Datumsangaben, thematischen Überschriften oder bibliographischen Fußnoten im Schlepptau. Wenn überhaupt, erscheinen sie als plötzliche, isolierte Schnappschüsse, die vielleicht einen Anhaltspunkt auf ihr Wo, Wann und Wie enthalten. Sie können genausogut von der Vergangenheit wie von der Zukunft handeln. Und sie sind seltsamerweise eindimensional.

Das ist fast so, als würde jemand versuchen, nach einem Blick durch den Schornstein eine astrologische Landkarte zu erstellen.

Nostradamus selbst versuchte zugegebenermaßen die Lücken mit Hilfe von astrologischen Berechnungen und Erklärungen aus alten Büchern zu schließen, wobei er die Bibel nicht außen vor ließ. Das mag geholfen haben. Andererseits kann es genausogut geschadet haben, wenn man bedenkt, daß sowohl Astrologie als auch alte Bücher wiederum ihre eigenen Erwartungen vertreten.

Mit anderen Worten: Prophezeiungen können schlechterdings nicht mit Hilfe von vergangenen oder gegenwärtigen Erwartungen interpretiert werden. Eine Erwartung sagt nur ihre eigene Zukunft voraus, eine Prophezeiung hingegen kann sich auch auf etwas Fremdes beziehen.

Wenn das aber der Fall ist, was gibt es dann noch für weitere Wegelagerer, die nur darauf warten, die prophetische Karawane zu überfallen? Leider gibt es nur zu viele davon. In meinem Buch *The Armageddon Script: Prophecy in Action* (Element, 1981) habe ich die offensichtlicheren Gefahren in Form von acht Gesetzen der Prophetie umrissen. Sie lauten wie folgt:

1. **Das Gesetz der überraschenden Erfüllung**
   Das wahrscheinlichste Ergebnis ist das, was am wenigsten erwartet wird.
2. **Das Gesetz der vereitelten Erwartung**
   Die offensichtlichste Deutung ist am ehesten falsch.
3. **Das Gesetz des beeinträchtigenden Vorurteils**
   Vorurteile und Prophezeiungen passen nicht zusammen.
4. **Das Gesetz der Selbstbewahrheitung**
   Prophezeiungen neigen dazu, sich selbst zu bewahrheiten (hier würde ich meinem ursprünglichen Text nur noch hinzufügen: »wiederholt«).
5. **Das Gesetz der abnehmenden Genauigkeit**

Die Genauigkeit einer Prophezeiung nimmt im Quadrat der Zeit bis zu ihrer Erfüllung ab.

6. **Das Gesetz der getrennten Funktionen**
   Prophezeiung und Interpretation sind als Tätigkeiten unvereinbar.
7. **Das Gesetz der prophetischen Perspektivierung**
   Hellseherei zoomt die Zukunft heran.
8. **Das Gesetz der nicht existenten Unmöglichkeit**
   Was passieren kann, passiert auch. Was nicht passieren kann, passiert vielleicht.

Der Leser wird nicht erwarten, daß ich auf diese acht Gesetze der Prophetie hier näher eingehe. Die meisten verstehen sich eigentlich von selbst, und die anderen werden deutlicher, sobald man sie im Experiment auf einige besondere Fälle anwendet.

Angenommen, meine Analysen sind zutreffend, so sieht man auf den ersten Blick, daß die meisten aufregenden Möchtegern-Deutungen Nostradamus' das erste, zweite, dritte und sechste Gesetz nicht erfüllen. Sie tendieren auch dazu, zumindest die zweite Hälfte des achten Gesetzes zu ignorieren, wie Arthur C. Clarke in seinem beflügelnden Buch *Profiles of the Future* ebenfalls herausgefunden hat. Unter dem Titel »Clarkes Gesetze« steht dort: »Wenn ein ausgewiesener älterer Wissenschaftler feststellt, daß etwas möglich ist, hat er fast immer vollkommen recht. Wenn er feststellt, daß etwas unmöglich ist, hat er wahrscheinlich unrecht.« Für »Wissenschaftler« können wir ohne weiteres im vorliegenden Fall »nostradamischer Interpret« einsetzen.

Nicht, daß sich Kommentatoren in erster Linie mit Unmöglichem befaßten. Nur bewirkt die natürliche Neigung, sich auf ein besonderes Szenario festzulegen, daß alle anderen Möglichkeiten ausgeschlossen werden. Und doch bestärkt mein Zitat von Arthur C. Clarke nur die Tatsache, daß das einzig Sichere über die Zukunft ist, daß sie ganz anders sein wird, als wir erwartet haben.

So könnte es zumindest sein, gäbe es da nicht das bös dazwischenfunkende, jedoch inzwischen anerkannte, vierte Gesetz. Denn ein Ergebnis der interpretatorischen Bemühungen ist, daß die Auslegungen längst ein Eigenleben als Prophezeiungen entwickelt haben. Die Menschen nehmen an, daß das, was man als Nostradamus' Meinung auslegt, das ist, was er tatsächlich gesagt hat. Daher besteht zusätzlich zur Gültigkeit des vierten Gesetzes noch die Gefahr, daß der reine Glaube daran Menschen, wenn auch unbewußt, veranlassen wird, das Angenommene herbeizuführen.

Nostradamus im Zusammenhang

Jede neue Nostradamus-Auslegung muß daher diese offensichtlichen Fallstricke vermeiden. Indem sie die vorgefaßten Meinungen beiseite läßt und allen vergangenen oder gegenwärtigen Deutungen aus dem Weg geht, darf eine Neuinterpretation die Vierzeiler nur mit Hilfe dessen entschlüsseln, was über Nostradamus bekannt ist: seine Arbeitsmethoden, seine seltsamen literarischen Neigungen, seine Absicht zu verdichten und zu verschleiern, was er selbst als »etwas undurchsichtig« beschrieb, um seine Prophezeiungen vor den Unwissenden und sich selbst vor den Fängen der Inquisition zu schützen.

Darüber hinaus muß eine Interpretation einbeziehen, daß Nostradamus nicht nur ein Mann seiner Zeit, sondern auch seiner Umgebung und seines Glaubens war. Der Seher war schließlich nicht einfach ein Renaissance-Gelehrter, der durch und durch von klassischer Mythologie erfüllt war. Er war auch eine Art mittelalterlicher Magier, ein Zeitgenosse von John Dee und Paracelsus. Wie im 16. Jahrhundert üblich, war sein Kopf unermüdlich mit einer außergewöhnlichen Mischung aus Gelehrtem, Alltäglichem und Phantastischem beschäftigt. Obwohl er zweifelsohne in medizinischer Hinsicht aufgeklärt war, war er doch genauso anfällig wie seine Zeitgenossen, die Zukunft ausschließlich aus biblischer Sicht zu betrachten, und das war eine ausgesprochen düstere und bedrohliche Sichtweise. Schließlich lebte er in einer Zeit der Pestkrankheiten und Epidemien, die Europas Bevölkerung vor nur wenigen hundert Jahren dezimiert hatten und ständig mit einem neuen Aufflammen drohten. Als Jude war er in viele der überlieferten Geheimnisse des jüdischen Okkultismus eingeweiht, nicht zuletzt in die Kabbala. Als Katholik war er natürlich nicht davor gefeit, die Ausblicke auf die Zukunft mit der katholischen Lehre von der Apokalypse und mit dem Schicksal der Kirche und ihrer Führer in Verbindung zu bringen. Auch war er damals leichte Beute für jede Art religiösen Aberglaubens, zu einer Zeit, als Aberglauben weit verbreitet war und so überhandnahm, daß er den revolutionären protestantischen Umsturz eines Martin Luther hervorbringen konnte. Darüber hinaus war er als Franzose natürlich geneigt, alle Ereignisse auf der Erde in erster Linie auf sein Vaterland und dessen Nachbarländer zu beziehen und daneben noch einen mißtrauischen Blick auf und um das Gelobte Land seiner Vorfahren zu werfen.

Deshalb sollten wir sogar von ihm erwarten, daß er alchemistische Kenntnisse, hermetische Symbole, kabbalistische Kodierungen, biblische Lehren einbringt und von mythischen Geschöpfen, Plagen, Epidemien, Hungersnöten, Überschwemmungen, Feuersbrünsten, Weltuntergang, Wiederkunft des Herrn und dem Jüngsten Gericht schreibt. Täte er das nicht, wäre es sehr verwunderlich.

Natürlich sollten wir auch erwarten, daß er zukünftig nationale Führer als »Könige« oder »Prinzen« bezeichnet, um ihre Namen nicht preiszugeben, auch wenn er diese schon kennt, daß er für Länder und Städte klassische Bezeichnungen oder Namen seiner Zeit benutzt und keine modernen, und daß er seine ultimativen Vorhersagen in den Rahmen einer Art Endzeitszenario stellte. Auch sollten wir erwarten, daß er Wörter wie *iendra* (wird kommen) und *terre* (Land, Welt) auf Frankreich bezieht und nicht auf die ganze Welt.

So gesehen war Nostradamus selbst nur zu anfällig für die bösartige Wirkungsweise des ersten, zweiten, dritten und sechsten Gesetzes. Wie genau auch immer seine intuitiven Einblicke gewesen sein mögen, der vom Bewußtsein geleitete Mann, der sie dann niederschrieb, mußte zulassen, daß sie von all den erwähnten Faktoren verwässert wurden – gar nicht zu reden von seiner astrologischen Arbeit und anderen Studien. Da er zusätzlich seine Vorhersagen in gereimte Verse kleidete, anstatt in klare, einfache Prosa (wofür man Nostradamus auch in seinen besten Momenten nicht beschuldigen kann), zog er noch einen weiteren verdunkelnden Schleier über die

Einblicke, die er zu gewähren versuchte, selbst wenn wir seine späteren, absichtlichen Bemühungen in dieser Richtung außer acht lassen.

Interpretatorische Grundsätze

Aus all dem ergeben sich die drei folgenden interpretatorischen Grundsätze:

1. Da jede erfolgreiche Übersetzung auf der Erkenntnis des Gesamtzusammenhangs beruht, ist es genausowenig möglich, abgetrennte Strophen nur für sich zu deuten, wie man die einzelnen Teilchen eines Puzzles für sich erkennen kann. Fehlt uns die »Abbildung auf der Schachtel«, haben wir keine andere Wahl, als sie langsam Schritt für Schritt nach vorher festgelegten Grundsätzen zu rekonstruieren. Vermutungen über das vermeintliche Resultat stehen wohl nur im Weg. Möglichkeiten können natürlich in Erwägung gezogen werden, aber nur als wenige unter vielen, und dann nur so weit, wie durch Nostradamus' Aussagen auch belegt werden kann.
2. Demnach muß es unser Hauptziel sein, jeden Vers, sobald er entschlüsselt ist, mit den anderen entschlüs-

selten Versen in Verbindung zu bringen, indem gemeinsame Inhalte, Ausdrücke, Ortsnamen und Zeitangaben gesucht werden, so daß man eine grobe Abfolge der Verse feststellen kann. Auf diese Weise sollte es dann langsam möglich sein, den wahren Gesamtzusammenhang zu erschließen und dadurch letztendlich in einer Position zu sein, aus der man Nostradamus auf der Grundlage der Erkenntnis über ihn interpretieren kann.

3. Drittens und letztens ist die übliche Wort-für-Wort-Übersetzung hier alles andere als hilfreich, da sie nur oberflächlich das Vokabular des Originals wiedergibt, ohne einen Eindruck von seinem Sinn, seiner Gestalt, seiner Kraft und Flüssigkeit zu vermitteln, ganz zu schweigen von den früher üblichen komplexen Bedeutungszusammenhängen, die wir schon lange nicht mehr beherrschen. Kurz, das wäre überhaupt keine Übersetzung, sondern vorschriftsgläubiger Quatsch – und jeder, der jemals einen Gerichtssaal von innen gesehen hat, wird wissen, welchen Hohn auf die Gerechtigkeit solch unsensible Sprachbehandlung hervorbringen kann.

Dieses im Blick, schlage ich in den folgenden Kapiteln vor, Nostradamus' Verse in eben der eingängigen, rhythmisierten Form wiederzugeben, die auch er selbst benutzte: gereimte zehnsilbige Zeilen (sogenannte Pentameter) von genau der Art, wie sie im damaligen England von den direkten Vorläufern Shakespeares benutzt wurden. Nicht, daß Nostradamus ein kleiner Shakespeare war: Seine Verse sind meistens übertrieben knapp, oft im Telegrammstil, manchmal voller Klischees, sogar hin und wieder derbe. Das meiste ist so knapp und verworren wie unsere lexikalisch oftmals verstümmelten Zeitungsüberschriften. Dennoch folgen seine Verse erkennbaren, wenn auch latinisierten, grammatischen Regeln, sie haben ein Versmaß und reimen praktisch immer. Jede ernstzunehmende Übersetzung muß zwangsläufig dasselbe leisten.

Ich bin jedoch, anders als die meisten Kommentatoren, dagegen, den Originaltext aus dem 16. Jahrhundert mit abzudrucken oder sogar, wie viele es machen, dessen redigierte Version. Leser, die meine Übersetzung mit dem Französischen vergleichen wollen, sind wahrscheinlich am besten beraten, sich direkt das Original anzusehen, wie es vor kurzem von Erika Cheetham (1989) veröffentlicht wurde. (Die »Zusatz«-Vierzeiler und die Briefe finden sich bei Roberts, einige der *Présages* und der *Sixains* sind bei de Fontbrune zu finden.) Eine allgemeingehaltene Erklärung findet sich im Anschluß an jeden Vers.

Auf diese Art hoffe ich, es dem Leser am besten zu ermöglichen, einen eigenen Zugang zu den Prophezeiungen zu finden. Zuerst prüfe ich die angebliche Genauigkeit der Sprüche, die sich schon bewahrheitet haben sollen, dann bringe ich die noch unerfüllten mit aktuellen Ereignissen in Verbindung. Aber ob diese Ereignisse tatsächlich vorauszusagen sind, hängt vollkommen davon ab, inwiefern es möglich sein wird, das prophetische Puzzle in der ursprünglichen Abfolge zusammenzufügen, die Nostradamus' visionäre Kraft vor vielen Jahren entschieden durcheinandergebracht hat.

3
Ein Intensivkurs in Prophetie

Zu vielfältigen Anlässen und über einen langen Zeitraum habe ich spezielle Ereignisse im voraus gedeutet, die, wie unerwartet sie auch gewesen sein mögen, in den verschiedensten Teilen der Welt inzwischen eingetreten sind.

Brief an César Nostradamus

Wenn Nostradamus noch für etwas anderes bekannt ist außer für seine fürchterlichen Prognosen der Zukunft, so ist das die unheimliche und unbeirrbare Genauigkeit, mit der er Ereignisse vorhersagte, die inzwischen längst der Vergangenheit angehören. Schenkt man der allgemeinen Auffassung Glauben, so ist so gut wie jedes wichtige Ereignis, das seit seinem Tod stattgefunden hat, in seinen rätselhaften Versen erwähnt worden. Das muß denn auch seine beste Empfehlung sein, um sich uns als Führer in die Zukunft anzubieten.

Um die *Centuries* selbst als Beispiel zu nehmen: Bei einer Zahl von ungefähr 940 Vierzeilern (die genaue Zahl hängt von der Ausgabe ab) sind ungefähr 420 von dem einen oder anderen Ausleger als schon eingetreten identifiziert worden, was andererseits bedeutet, daß noch mehr als die Hälfte auf ihre Erfüllung wartet.

Jedoch ist diese Zahl und die dazugehörige Erfolgsrate alles andere als zutreffend. Tatsache ist nämlich, daß von ungefähr 420 vermeintlichen »Treffern« nur ca. 50 von den meisten Interpreten auf mehr oder weniger gleiche Weise gedeutet werden. Bei den restlichen 370 streiten sich die Ausleger beharrlich darüber, welches Ereignis zu welchen Versen gehört. Schon zwei Kommentatoren ordnen denselben Vers ganz unterschiedlichen Ländern und Jahrhunderten zu. Es ist sogar möglich, daß der eine einen Vers auf die Zukunft bezieht, während der andere ihn überzeugt in der Vergangenheit plaziert.

Aber das ist noch nicht die größte Überraschung. Nur von rund zwölf der angeblich erfüllten Vorhersagen kann behauptet werden, daß die bedeutenden Ausleger sich bezüglich der Identifizierung einig sind.

Diese Tatsache ist ziemlich explosiv. Sie bedeutet, daß Nostradamus' angebliche Genauigkeit eher etwas mit einem Volksglauben zu tun hat als mit einem Faktum, vielleicht auch mit einem *Bedürfnis* des Volkes zu glauben. Man könnte natürlich behaupten, daß zumindest einige der Interpreten sich einfach irren. Andererseits könnte man auch schlußfolgern, wahrscheinlich mit einem erlösenden Seufzer, daß es schließlich doch Nostradamus war, der sich geirrt hat.

Was die Zahlen tatsächlich aussagen, ist jedoch viel weniger beruhigend für die, die Endgültiges hören möchten. Es ist die ernüchternde Einsicht (ernüchternd für Möchtegern-Ausleger), daß die seherischen Prognosen, wenn sie für sich interpretiert werden, in den meisten Fällen in einer zu unbestimmten Form gehalten sind, als daß sie eine erfolgreiche und zweifelsfreie Identifizierung mit Vergangenem ermöglichen würden, ganz zu schweigen von Zukünftigem.

Auch wäre das von Nostradamus' Standpunkt aus nicht weiter schlimm gewesen. Man muß immer die Vorstellung im Hinterkopf behalten, daß Geschichte zu einem gewissen Teil zyklisch ist und daß das gleiche oder ein ähnliches Ereignis immer wiederkehrt. Daran glaubte Nostradamus selbst, und auch der Autor des Buches Kohelet (angeblich König Salomon persönlich) meint:

Alles hat seine Stunde. Für jedes Geschehen unter dem Himmel gibt es eine bestimmte Zeit ... Was auch immer geschehen ist, war schon vorhanden, und was geschehen soll, ist schon geschehen, und Gott wird das Verjagte wieder suchen.

In diesem Kapitel möchte ich also eine Auswahl von Vorhersagen anführen, die man gemeinhin für besonders erfolgreich hält (die römischen Ziffern beziehen sich auf die *Centurie* oder das Buch, die arabischen auf den zitierten Vers). Sie werden feststellen, daß viele von ihnen gemein haben, bestimmte Daten und Orte anzugeben – letzteres besonders war etwas, das Nostradamus selbst seinem Sohn César als wichtigen Schlüssel zum Verständnis nahelegte. Ich füge auch ein oder zwei andere Vorhersagen ein, die die Interpreten zu voreilig der apokalyptischen Zukunft zugeordnet haben, die mir aber schon längst mindestens so deutlich eingelöst zu sein scheinen wie die anderen angeblichen »Treffer«.

Auf dieser Grundlage wird man hoffentlich eine klarere Vorstellung von den Vorhersagemustern gewinnen, auf die man in den noch nicht erfüllten Prophezeiungen achten muß. So können sie eher verstanden werden; wenn man auch keine zukünftigen Ereignisse im voraus sieht, so kann man sie doch wenigstens erkennen, wenn sie sich abzeichnen.

Was nun folgt, kann man auch als Intensivkurs in Prophetie bezeichnen, oder wenigstens als Kurs in prophetischer Entschlüsselung – der sich an nostradamischen Beispielen orientiert.

I.35

Der jüng're Löwe wird den alten schlagen,
In einem Duell steht Mann gegen Mann.
Zwei Schläge durchs Visier ins Auge jagen,
Der Tod kommt dann so schnell er kommen kann.

Es war der Erfolg dieses Vierzeilers, der Nostradamus einen Namen als Hellseher verschaffte. Sobald er der Königin Katharina de Medici zu Ohren kam, spürte sie, daß er von ihrem Mann, dem König, handelte. Das war der Hauptgrund, aus dem Nostradamus innerhalb eines Jahres nach Veröffentlichung der ersten Ausgabe an den Hof zitiert wurde. Der König jedoch war weniger beeindruckt, und während der Vorbereitungen zur Hochzeit seiner beiden Töchter 1559 wollte er sein Schicksal unbedingt herausfordern, indem er sich mehrmals duellierte.

Sein Gegner im letzten Duell war der Hauptmann der schottischen Garde, Graf de Montgomery. Der König in voller Rüstung und mit goldenem Helm trug ein Schild mit einem stehenden Löwen als Emblem. Montgomerys Schild zeigte ebenfalls einen stehenden Löwen. Das erste Treffen endete unentschieden, aber der König verlangte ein zweites. Dabei brach Montgomerys Lanze in Splitter, einer davon durchdrang den Hals des Königs, ein anderer durchschlug das Visier und gelangte durch das Auge ins Gehirn. Der König erlag seinen schweren Verwundungen nach zehn Tagen Todeskampf.

III.30 *Der auf dem Schlachtfeld mit grober Gewalt*
Dem Mächt'geren entreißt die Ehr,
Den überfallen sechs im Hinterhalt,
Schlitzen ihn auf im Schlaf, nackt, ohne Wehr.

Ich kann der Versuchung nicht widerstehen, diesen Vierzeiler mit aufzunehmen, da er zweifelsohne detailliert das historische Ereignis beschreibt, das auf das obengenannte folgt (ausführliche Voraussagen sind immer ein wichtiger Schlüssel für die Interpretation).

Montgomery war nach der unglückseligen Ermordung

des Königs nach England geflohen und dort zum Protestantismus übergetreten. Schließlich kehrte er aber nach Frankreich zurück, um die Hugenotten aus der Normandie in einem Aufstand anzuführen. Er wurde besiegt und gefangengenommen, sein Leben jedoch wurde ihm geschenkt. Doch die Königin hatte ein gutes Gedächtnis und einen langen Arm. Im Mai 1574 drangen sechs ihrer Männer in sein Schlafzimmer ein und schleppten ihn nackt davon. Schließlich wurde er auf ihren Befehl hingerichtet. Ob dies nun eine bewußte Reaktion auf die Prophezeiung war, werden wir wohl nie erfahren.

Sixain 52 *Ein neuer Schlag, die Stadt verhungert fast,*
Des heiligen Bartholomäus' Fest
Wird sein ein Tag, den niemals ihr vergeßt.
In Nîmes, Rochelle, Montpellier und Castres,
Lyon und Genf setzt Mars im Widdermond
Auf eine Edelfrau und wird belohnt.

Diese Vorhersage wurde angeblich nach Nostradamus' Tod 1566 unter seinen Papieren gefunden, sie bewahrheitete sich auf grausame Weise nur sechs Jahre später durch die inzwischen berüchtigte Bartholomäusnacht. Offensichtlich auf Geheiß der Königin ausgeführt, war sie der Versuch, alle Führer der Hugenotten in Frankreich auf einen Schlag zu beseitigen. Während dieser Verfolgungen starben ungefähr achttausend Menschen, und zwar nicht nur in Paris, sondern auch in anderen Gemeinden und Städten, jedoch wohl nicht in Genf. Man beachte, daß die besonders detaillierte Orts- und Zeitangabe letztendlich die Vorhersage bestätigt. Aber auch hier kann nicht ausgeschlossen werden, daß die Weissagung der Königin bekannt war.

III.51 *Paris wird planen einen großen Mord,*
Blois macht das ganze Unternehmen wahr,
Orléans jagt den Mörder wieder fort,
Angers, Troyes, Langres müssen zahlen bar!

Auch hier sind es wieder die Ortsnamen, die eine Identifizierung der Voraussage möglich machen, und zwar mit dem berühmten Mord am Herzog von Guise im Königsschloß zu Blois am 23. Dezember 1588 auf Befehl des Königs. (Schloßführer dort erzählen auch heute noch liebevoll die grausigen Details jener Nacht.) Diese blutige Tat sollte den Wendepunkt in den französischen Religionskriegen des 16. Jahrhunderts darstellen. Die unmittelbare Wirkung war eine allgemeine Unruhe im ganzen Land; die Bürger von Orléans ersetzten ihren Gouverneur durch einen Anhänger von de Guise. Nur die vorausgesagte Reaktion der drei Städte in der letzten Zeile ist ein Fehler: Nostradamus sah nicht voraus, daß Angers und Langres auf der Seite von Guise standen, während Troyes neutral blieb. Offenbar war auch der Seher nicht unfehlbar, genausowenig wie jeder andere Mensch. Das sollten wir auf keinen Fall vergessen.

IV.18 *Die von den Himmelsdingen viel verstehen*
Werden von unbeles'nen Prinzen angeklagt,
Geächtet, wie Verbrecher dann gejagt,
Und umgebracht, kaum hat man sie gesehen.

Obwohl hier eigentlich keine spezifische Orts- oder Zeitangabe geliefert wird, sieht dieser Vierzeiler zutreffend die Verfolgung der postkopernikanischen Astronomen durch die herrschenden Schichten der folgenden Jahre voraus – nicht zuletzt traf es auch Galileo. Aber es war auch nicht zu schwierig für Nostradamus als Postkopernikaner, diese Entwicklung als wahrscheinlich anzunehmen.

IX.49

Wenn Gent marschiert mit Brüssel auf Anvers,
Die Londoner Regierung den Regent
Erschlägt; es gibt Verwirrung und Gezerr
Und größere Unruhe im Parlament.

Man ist sich im allgemeinen einig, daß dieser Vierzeiler klar den Tod von König Karl I. von England 1649 vorhersagt, obwohl auch hier wieder die fehlende Spezifizierung der Umstände verhindert, daß Karl in diesem Spruch eine Warnung hätte lesen können, selbst wenn er es gewollt hätte. Dennoch waren Brüssel, Gent und Anvers (Antwerpen) tatsächlich zwischen den drei Großmächten Frankreich, Holland und England 1648/49 zerstritten, so daß man sagen könnte, daß Warnzeichen existierten, wenn auch undeutlich. Und auf den zweiten Blick sehen wir, daß auf das Jahr 1649 vielleicht doch schon hingewiesen wird, nämlich in der Nummer des Vierzeilers!

VIII.76

Kein König Englands, ein gemeiner Wicht!
Die Macht greift sich der Schurke mit Gewalt.
Gesetz- und glaublos er das Land zerbricht,
Mir graut zu sagen: er kommt schon so bald.

Nostradamus' Beschreibung eines nicht katholischen Bürgerlichen, der die Macht in England an sich reißt, scheint mehr oder weniger vollkommen auf Oliver Cromwell zuzutreffen, der nur dreiunddreißig Jahre nach dem Tod des französischen Propheten geboren wurde. Langsam muß jetzt deutlich werden, daß der Seher ein besonderes Interesse an zukünftigen Fällen von Majestätsverbrechen hatte, ebenso wie an jeder Art von Religionsfeindlichkeit oder Ketzerei.

II.51 *In London fließt der Unschuldigen Blut,*
Denn '66 schlägt ein Blitz dort ein,
Die alte Dame fällt um in der Glut,
Tötet der Ketzer viele in großer Pein.

Zahllose Kommentatoren haben diese Vorhersage mit dem großen Brand in London im Jahre 1666 identifiziert. Auch wenn die »Blitzeinschläge« im Licht der offiziellen Erklärung gesehen etwas danebenliegen, so scheint die »alte Dame« mit der großen Statue von »Unserer lieben Frau« in Verbindung zu stehen, die früher in der Vorhalle der damaligen St. Paul's Cathedral stand. Während des Feuers fiel die Statue auf eine Anzahl Menschen, die unter ihr Zuflucht gesucht hatten. Danach wurde das gesamte Gebäude Opfer der Flammen, was bis heute für viele das denkwürdigste Merkmal der ganzen Katastrophe darstellt.

IV.89 *Dreißig aus London einen Plan ersannen,*
Ihren gesalbten König zu verbannen.
Dem Kreis um ihn scheint nicht nach Tod zu sein,
Aus Friesland trifft ein blonder König ein.

Hier weisen die Ortsangaben auf des Rätsels Lösung. 1688 verließ eine Gruppe von führenden Adligen England per Schiff (ob es dreißig waren, ist nicht überliefert), um beim holländischen Wilhelm von Oranien Unterstützung gegen ihren König, Jakob II., zu erbitten. Letzterer gab sich bemerkenswert bereitwillig geschlagen, floh erst, wurde dann zufällig von Wilhelms Männern gefangengenommen und nahm schließlich dankbar die ihm gebotene Gelegenheit wahr, wieder nach Frankreich zu fliehen. Und zur Krönung von Nostradamus' Prophezeiung der sogenannten Glorreichen Revolution von England wurde Wilhelm tatsächlich in einer Gegend geboren, die dem heutigen Holland entspricht, wenn auch nicht genau in Friesland.

> *... und in jenem Jahr wird es seinen Anfang nehmen, daß die christliche Kirche unter noch größeren Verfolgungen zu leiden hat als je in Afrika stattfanden, und diese werden bis in das Jahr 1792 andauern, das man für den Beginn einer neuen Weltordnung halten wird.*

Auf was sich der Anfang dieses Auszugs von Nostradamus' *Brief an Heinrich den Zweiten, König von Frankreich* bezieht, weiß eigentlich niemand so genau, aber die Festlegung auf 1792 als Beginn eines neuen Systems scheint eine zutreffende Vorhersage des Beginns der antiklerikalen französischen Revolutionsregierung zu sein. Aber immerhin hatten schon über hundert Jahre vor Nostradamus führende Astrologen eine große soziale Wende zu jenem Termin vorausgesagt. Vielleicht ist es daher von Bedeutung, daß diese Prognose nicht in einem der Vierzeiler erschien, sondern in Nostradamus' Prosaschriften, die er in vollem Bewußtsein verfaßte.

IX.20

Des nachts auf Umwegen durch finstren Tann
Von Reims kommt Herne, der weiße Falter, an.
Varennes' Erwählter, schwarzer Mönch in Grau,
Sät Feuer, Blut, Abtrennung, Leichenschau.

Von all den zahlreichen Prophezeiungen, die sich auf die bevorstehende Französische Revolution ab 1789 zu beziehen scheinen, ist keine berühmter als dieser Treffer ins Schwarze. Die überraschende Erwähnung der unbedeutenden Stadt Varennes (in der Nähe von Frankreichs östlicher Landesgrenze) weist unmittelbar auf das einzige historische Ereignis von größerer Bedeutung hin, das dort wohl jemals stattgefunden hat: die berühmte nächtliche Ankunft von Ludwig XVI. und Königin Marie Antoinette am 20. Juni 1792 im Verlauf ihrer versuchten heimlichen Landesflucht, die sich als letzter Sargnagel für die französische Monarchie und ihre Glaubwürdigkeit erweisen sollte. Nur diese Identifizierung macht es überhaupt möglich, im Rückblick den Rest der Strophe zu entschlüsseln. »Herne« entpuppt sich über die Form »lerne« als Anagramm von Reine (Königin). Der Weg nach Varennes war in der Tat höchst umständlich gewesen (»zwei Teile gewunden«, wie sich der Franzose ausdrückt) und hatte das königliche Paar durch den Wald in der Nähe von Reims geführt (das im Original vermutlich Reines geschrieben wurde). Der König, der ungewöhnlicherweise gewählt worden war und obendrein ein Capet war (im Französischen steht »cap.«, das genausogut eine Kurzform von Lateinisch caput [»Kopf«] sein könnte), soll angeblich graue Kleidung getragen haben, während die Königin, die bestimmt in ihren besten Tagen ein frivoler Schmetterling gewesen ist, wie vorhergesagt in Weiß gekleidet war; eben diese Farbe soll auch ihr Haar nach dem Zwischenfall angenommen haben. Obwohl sich so mancher Kommentator verzweifelt bemühte, den königlichen »schwarzen Mönch« als einen »impotenten Aristokraten« zu erklären, scheint dieser Ausdruck wohl doch eher ein erneutes Beispiel für Nostradamus' liebenswerte Fehlbarkeit zu sein. Die letzte Zeile ist genauso schwer zu entschlüsseln, aber nicht, weil die Bedeutung in diesem Fall nicht zugänglich wäre, sondern weil sie einfach so schleierhaft ist; eher eine Liste unzusammenhängender Wörter als ein Satz. Folglich mußte ein wenig nachträgliches Wissen bei der Übersetzung der letzten Zeile auf die Sprünge helfen. »Abtrennung« (meine zugegebenermaßen recht freie Wiedergabe des französischen

»tranche«) erwartete sicherlich den königlichen Kopf und die seiner Anhänger. In Form der Guillotine ist das auch eine angemessene Umschreibung von dem, was Unzählige von seinen Untergebenen in den folgenden Jahren erwarten sollte.

I.60 *Nahe Italien kommt auf die Welt*
Ein Kaiser, der das Reich wird kosten Geld.
Auch wer Hilfe begehrt von seinem Thron,
Sagt, er sei Mörder und kein Königssohn.

Wie der Französischen Revolution widmet Nostradamus auch eine besonders große Anzahl von Vierzeilern dem auf Korsika geborenen Napoleon Bonaparte, zumindest wenn man den Kommentatoren Glauben schenkt; Erika Cheetham (1989) zählt nicht weniger als fünfundfünfzig Verweise auf den Kaiser, und zusätzlich neunzehn, die sich auf die Napoleonischen Kriege beziehen. In einem davon (VIII.1) versucht der Seher offenbar sogar, den Namen des zukünftigen Kaisers in Großbuchstaben niederzuschreiben, was er normalerweise nur in Fällen von »buchstäblicher« Hellseherei tut: PAU, NAY, LORON – das löst sich anagrammatisch zu »Napaulon Roy« auf.

Wenn man die Hauptanliegen Nostradamus' bei seinen Vorhersagen bedenkt (König, Vaterland, Religion), ist dieser nachdrückliche Verweis auf Napoleon, den er als eine Art Antichrist zu betrachten scheint, obwohl er ihn niemals so betitelt, nicht allzu verwunderlich. Trotzdem muß man sagen, daß nur wenige der angeblichen Identifizierungen so genau und daher überzeugend sind, wie sie sein könnten. Der oben angeführte Vers könnte als Beispiel dafür genommen werden; er trifft zu, aber er könnte genausogut auf jeden anderen größeren Anführer zutreffen, der im Mittelmeerraum geboren wurde. Und wirklich wenden eine große Zahl von Kommentatoren nur zu leichtfertig höchst fragwürdige Methoden an, wenn sie unter dem großen Druck stehen, so wichtige Ereignisse wie Trafalgar, Waterloo oder den Rückzug aus Moskau in den Vierzeilern wiederzufinden. Sie drängen den Versen eine Bedeutung auf, die sie offenkundig nicht enthalten – meistens ignorieren sie den Satzbau Nostradamus' oder geben ihn sogar grob verfälscht wieder (er drückte sich zwar umständlich aus, war aber sicherlich kein Analphabet!). Diese naive Neigung, seine Sprüche bevorzugten, vorher festgelegten Themen zuzuordnen, insbesondere aktuellen Inhalten, die natürlich unser Bewußtsein stärker beherrschen als die Themen der Vergangenheit, ist eine allgemeine Tendenz, gegen die wir beständig auf der Hut sein müssen, wenn wir versuchen zu entschlüsseln, welche von Nostradamus' Vorhersagen die Zukunft zu betreffen scheinen.

I.25 *Weil er was längst Verlorenes wiederfindet,*
Wird man Pasteur als einen Halbgott preisen.
Doch wenn der Mond den großen Kreis beendet,
Wird ihn die Gegenströmung niederreißen.

Oberflächlich betrachtet, stellt diese Prophezeiung einen außergewöhnlichen Treffer dar. Nach Erika Cheetham erstreckte sich der letzte große astrologische Zyklus des Mondes von 1535 bis 1889. Angesichts von Spruch VI.100 (zu Beginn des zweiten Kapitels zitiert) möchte ich das weder bestreiten noch dazu in irgendeiner Weise Stellung nehmen. Sicherlich ist es wahr, daß in den Jahren 1888/89 das berühmte Pariser Institut von Louis Pasteur auf die Entdeckung hin gegründet wurde, daß viele Krankheiten teilweise durch Mikroorganismen verursacht werden. Diese Vorhersage (wenn es denn eine ist) suggeriert ebenfalls, daß man das auch schon in der Antike wußte. Seither hat sich die moderne Medizin in dieser Richtung sehr weit aus dem Fenster gelehnt, so als hätte Pasteur behauptet, daß Infektionskrankheiten durch nichts anderes hervorgerufen würden, wo er doch ebenso Umweltfaktoren, emotionale und psychologische Ursachen anführte. Wie im Fall von Nostradamus wurde der Guru auch hier mehr oder weniger zu einem Gott erklärt und von seinen Anhängern auf lächerliche Art beim Wort genommen. Das taten seine Zeitgenossen allerdings nicht. Wie so oft, war die herrschende Meinung gegen seine neuen Theorien. Daher wahrscheinlich die letzte Zeile. Aber dann muß auch vorausgesetzt werden, daß Nostradamus wirklich von Pasteur sprach. Ich glaube eher folgendes: Hätte man ihn gefragt, dann hätte er die Ansicht vertreten, daß sich das Wort *Pasteur* eigentlich auf einen zukünftigen Hirten der Kirche bezieht, vielleicht sogar auf einen einfachen Schafhirten, der ein antikes Kunstwerk oder eine heilige Reliquie wiederfindet (an anderer Stelle scheint er z. B. die erwartete Wiederentdeckung des Grabs des heiligen Petrus anzudeuten). In diesem Fall hätten wir ein interessantes Beispiel von prophetischer Intuition oder gar von reinem Zufall, der die bewußten Erwartungen des Propheten triumphierend übersteigt. Noch wichtiger ist allerdings, daß wir hier einen Vierzeiler vorliegen haben, der sowohl einen Namen als auch eine Zeitangabe zur genauen Bestimmung enthält. Für unsere Zwecke sind solche Angaben viel mehr wert als Unmengen von Vermutungen.

VII.25 *Kriegsführung schwächt das Heer über Gebühr,*
So daß man die Soldaten zahlt nicht mehr.
Anstatt mit Münzen zahlt man mit Papier.
Bronze aus Frankreich trifft das Halbmondheer.

Unter den vielen Versen, die die Kommentatoren im allgemeinen dem Ersten Weltkrieg zuschreiben, ist dieser hier kein bißchen genauer oder überzeugender als die meisten anderen (ein oder zwei der übrigen Sprüche werden sogar als Vorhersagen *auf unsere Zukunft* im nächsten Kapitel erscheinen). Dennoch scheint hier eine unheimliche Kriegsbelastung geschildert zu werden, die ebenso Menschen wie Material beansprucht. Nostradamus scheint zu glauben, daß die Menschen deswegen anfangen, Papiergeld zu drucken, und nicht mehr mit Münzen bezahlen (»Gold«, wie er es nennt), ein Detail, das die Weissagung sicherlich eher in der unmittelbaren Vergangenheit ansiedelt als in der Zukunft. Wenn der Ausdruck »Papier« (*cuir* im Original) ein wenig seltsam klingt, muß man sich nur einmal vorstellen, wie Papiergeld aussieht, wenn es schon eine Schicht Schmutz angenommen hat. Zeile vier scheint zutreffend den Gebrauch von französischen Kanonen im Krieg gegen die Türken im Mittleren Osten vorherzusagen.

... Im Monat Oktober wird eine große Revolution stattfinden, die so grundlegend ist, daß die Menschen glauben werden, die Erde habe aufgehört sich zu drehen und sei in ewige Dunkelheit gefallen. Im vorausgehenden Frühling gibt es Warnzeichen, auf die außerordentliche Änderungen folgen werden, Königreiche werden auf den Kopf gestellt. Auch wird es große Erdbeben geben. Und all dies wird von der Entstehung eines neuen Babylon begleitet werden: eine verachtenswerte Hure geht schwanger mit der Abscheulichkeit der ersten Massenvernichtung. Dies wird nicht länger als dreiundsiebzig Jahre und sieben Monate dauern. Zu jener Zeit wird aus einem Stamm, der lange Zeit unfruchtbar war und im 50. Grad entsteht, jemand hervorgehen, der die ganze christliche Kirche erneuern wird. Daraufhin wird ein großer Friede

eintreten ... Die Länder, Orte, Städte und Provinzen, die sich selbst befreien wollten und daher ihren alten Stand aufgegeben haben, wobei sie sich allerdings nur noch endgültiger auslieferten, werden eine große innere Wut empfinden, weil sie ihre Freiheit und ihre Religion verloren haben, und sie werden versuchen, von der linken Seite nach rechts loszuschlagen.

Diese ganz besondere Vorhersage aus dem *Brief an Heinrich den Zweiten, König von Frankreich,* die ich zur besseren Lesbarkeit ziemlich frei wiedergeben mußte, legt eine Identifizierung mit der russischen Oktoberrevolution der Bolschewiken 1917 nahe, der tatsächlich kleine Aufstände im Frühjahr vorausgegangen waren. Dreiundsiebzig Jahre und sieben Monate weiter befinden wir uns im Frühling 1991, als sich in der Sowjetunion gerade eine neue Ordnung etablierte, und darauf folgt der Sommer, als der große Rechtsruck stattfand, den Nostradamus vor über vierhundert Jahren vorausgesagt hatte (wie auch immer er das gemeint hat). Da der 50. Breitengrad fast genau durchs polnische Krakau geht, ist der große Retter der christlichen Kirche (besonders der Ostkirche) kein anderer als Papst Johannes Paul II., der früher Erzbischof von Krakau war – auch wenn in jenen Tagen die Religion im Ostblock wie vorhergesehen nichts anderes als ein

»fruchtloser Pflanzenstock« sein konnte. Was die große Erste Hure ist, überlasse ich dem Leser.

Auch wenn man dem Propheten seine übliche Übertreibung in Rechnung stellt, muß man trotzdem sagen, daß die ganze Voraussage von erstaunlicher Genauigkeit ist, besonders, da sie bei vollem Bewußtsein geschrieben wurde – natürlich immer vorausgesetzt, daß wir ihm die richtigen Geschehnisse zugeordnet haben. (Die Weissagung ist immerhin von vielen anderen umgeben, die sich auf überhaupt nichts Erkennbares zu beziehen scheinen. Die Gruppe von Prophezeiungen, die in diesem Brief aufgenommen sind, scheinen sogar durcheinandergebracht und in umgekehrter Reihenfolge zu sein, als ob Nostradamus seine Gabe nicht zu deutlich zeigen wollte, nicht einmal in seinem Brief an den König. Er schreibt ja selbst: »In diesem Brief ordne ich alles Vorausgesagte verworren an, was die zeitliche Abfolge betrifft . . .«)

Die richtige Zuordnung ist immer die größte Gefahrenquelle. Der ursprüngliche Wortlaut der Prophezeiung sagt schließlich nichts von Rußland, geschweige denn vom Kommunismus. Niemand hätte diese Ereignisse vor dem Jahr 1917 vorhersagen können, als sie sich langsam abzeichneten, selbst wenn ihm dieser Text vorgelegen hätte. Das liegt daran, daß die Bestimmung jeder Prophezeiung davon abhängt, ob Details gefunden werden können, die zutreffen – auf der anderen Seite aber sind aktuelle Geschehnisse so komplex, daß sich fast immer passende Details finden lassen, wie unergründlich sie auch scheinen mögen. Der große Vorteil dieser Identifizierung war, daß die Hinweise überhaupt nicht unergründlich waren, sondern groß und deutlich für jedermann zu erkennen. Wir sollten die Verse daher nach den großen und deutlichen Tatsachen durchforsten, wenn wir versuchen, Nostradamus' wichtigste Vorhersage über die Zukunft zu verstehen. Zwischenzeitlich erhalten wir durch diese Übung wenigstens einen besseren Eindruck von dem Maßstab, den wir seinen üblichen apokalyptischen Ausdrücken wie der großen Hure von Babel beispielsweise zugrunde legen müssen; vermutlich ein viel weniger großartiges und umfassendes Bild, als uns die religiöse Tradition nahelegt.

IX.16

Auf Rat Kastiliens zieht Franco los:
Der Botschafter ist mürrisch, folgt nicht nach.
Rivieras Mannen kämpfen furios,
Sperren den Weg zum großen Golf aus Rach'.

Auch wenn dieser Vierzeiler mit Hilfe einer guten Portion nachträglichen Wissens übersetzt worden ist, deutet er nicht nur großartig auf Francos abenteuerlichen Staatsstreich in Spanien 1936 hin, sondern scheint sogar verschiedene Namen genau anzugeben: Nicht nur den von Franco selbst, sondern auch den des früheren Diktators Primo de Rivera; er erwähnt sogar Kastilien, in dessen alter Hauptstadt Burgos die ursprüngliche Revolutionsjunta Franco zum Regierungsoberhaupt ernannte. Die letzte Zeit scheint sich entweder auf sein Exil auf den Kanarischen Inseln oder auf seine Schwierigkeiten zu beziehen, die Truppen zum Zeitpunkt des Staatsstreichs von Marokko über das Mittelmeer zu bekommen. Wie dem auch sei, die Prophezeiung ist dennoch äußerst zutreffend, auch wenn die Zeitangaben fehlen: Wenn genügend Namen klar erwähnt werden, so scheint es, kann eine Vorhersage ein nützlicher Hinweis auf Ereignisse sein, auch wenn andere Informationen fehlen.

X.22 *Weil ihm zur Scheidung fehlt der Wille,*
Was man unwürdig findet hinterdrein,
Der Insel König weichen muß in Stille,
Ein Unscheinbarer seinen Platz nimmt ein.

Von den meisten als Vorhersage der Abdankung von König Edward VIII. im Jahre 1936 eingestuft, liegt dieser Vierzeiler wieder ein kleines bißchen daneben. Es waren die Regierung und die Kirche, die gegen eine Hochzeit des Königs mit der geschiedenen Amerikanerin Wallis Simpson waren, und nicht der junge Monarch selbst. Die letzte Zeile beschreibt treffend den Unwillen des Bruders, der durch die Abdankung zu König Georg VI. wurde. Hier zeigt sich wieder einmal die außerordentliche Sensibilität Nostradamus' gegenüber der Bedrohung des, wie er es wohl sehen würde, »göttlichen Rechts« der Monarchie, selbst in fremden Ländern.

III.35

In Europas tiefstem Herz ein Kind
Von niedrem Stand erblickt das Licht der Welt.
Durch Redekunst die Massen er gewinnt,
Daß selbst im Osten viel man auf ihn hält.

Man scheint sich weitgehend einig zu sein, daß dieser Vierzeiler die Geburt und das Leben Adolf Hitlers vorhersagt. Andererseits ist er so allgemein gehalten, daß er auf fast jeden großen europäischen Redner zutreffen würde, es bräuchte nicht einmal ein Diktator zu sein. In diesem Fall ist es die offenbar ruchlose Natur des Mannes, die hier die Sache besiegelt. Als Hinweis für die Zukunft wäre diese Vorhersage allerdings wertlos gewesen (ich habe ihn ja nur mit meinem heutigen Wissen so übersetzen können), da er weder Namen noch Daten und nur höchst vage Ortsangaben enthält.

V.26 *Durch schweren Krieg das slawische Geschlecht*
Kommt unerwartet zu ganz großer Ehr.
Zu ihrem Führer wird ein Bauernknecht,
Der führt seine Soldaten übers Meer.

Da sich dieser Spruch offensichtlich auf Rußland bezieht (man beachte aber die wissenschaftlichen Bemerkungen am Ende des Buches), scheint er den Aufstieg unter Stalin zur Weltmacht größtenteils als Ergebnis des Zweiten Weltkrieges darzustellen. In diesem Falle wäre allerdings die letzte Zeile ein wenig unverständlich. Auch wo Nostradamus recht hat, können wir wohl anscheinend nicht erwarten, daß er bis ins kleinste Detail Bescheid weiß.

1X.100 *Aufs mächt'ge England wartet imposant*
Empire-Herrschaft für dreihundert Jahr'.
Sein Heer rückt vor zu Wasser und zu
Land,
Und Portugal verwünscht den Tag
furchtbar.

Der allerletzte Spruch in der Originalsammlung der zehn *Centuries* ist eine überdeutliche und unzweifelhafte Voraussage des zukünftigen britischen Empires. Die Tatsache, daß das Empire schließlich um die Mitte des 20. Jahrhunderts zusammenbrach, würde bedeuten, daß Nostradamus dessen Anfänge um oder kurz vor dem Jahr 1650 liegen sah, also ungefähr ein halbes Jahrhundert oder mehr nach seinem eigenen Tod. Dieses Datum paßt gut zur Gründung der ersten erfolgreichen englischen Kolonien in Nordamerika im frühen 17. Jahrhundert. Die etwas unklarere letzte Zeile würde sich dann auf die koloniale Rivalität zwischen England und Portugal beziehen. Zur Zeit des Nostradamus war diese Vorstellung natürlich ziemlich widersinnig: England war damals wenig mehr als eine mittelgroße Macht am Rande von Europa. Man beachte aber, daß die Datierung der Vorhersage, wie immer, erst nach dem Eintreten der Ereignisse festgelegt werden kann.

Sixain 54 *Sechshundert, fünfzehn, zwanzig dann hingegen,*
Die große Dame tot; ein Todesregen
Von Stahl und Feuer macht die Länder leiden.
Flandern und England auch sind mit dabei:
Zu lange in des Nachbarn Sklaverei
Das Kampfgefecht sich nicht mehr läßt vermeiden.

Dieser Vers wurde von manchen Kommentatoren als Vorhersage des Zweiten Weltkriegs und des sogenannten Blitzkrieges, der von der deutschen Luftwaffe in der Anfangsphase gegen England geführt wurde, identifiziert. Die Informationen im Vers legen diese Interpretation nahe. In diesem Fall würde sich der Tod der »Großen Dame« auf die Kapitulation der französischen Republik im Juni 1940 beziehen. Da sich aber die Bemerkung über Flandern auf einen früheren Angriff der Deutschen auf die Niederlande beziehen müßte, scheint Nostradamus die Ereignisse etwas durcheinandergebracht zu haben. Aber allmählich gewöhnen wir uns schon an die Fehlbarkeit des Sehers, wenn es um Kleinigkeiten geht, auch in seinen eigentlich zutreffenden Prognosen: Die genaue Zeitabfolge ist nicht die stärkste Seite der Hellseherei.

Das führt uns schon zu der verworrenen ersten Zeile. Sie scheint offenbar eine Art von Zeitangabe zu enthalten, jedoch können sich die Zahlen, wenn unsere Vermutung richtig ist, nicht auf Jahre beziehen. Wenn man vom Blitzkrieg aus sechshundert Jahre rückwärts rechnet, sind wir schon vor der Zeit des Nostradamus. Wenn wir uns aber daran erinnern, daß er in seinem *Brief an Heinrich den Zweiten, König von Frankreich* schrieb, »alles ist bis auf den Tag und die Stunde, die ihm zugeschrieben worden ist, ausgearbeitet und ausgerechnet worden«, sollten wir die Möglichkeit in Betracht ziehen, daß diese Zeile sich auf kleinere Einheiten bezieht.

Wenn wir, anders gesagt, »sechshundert, fünfzehn« als Monate auffassen und die übrigen »zwanzig« (die vermutlich auf eine andere Zähleinheit hinweisen sollen) als *Tage*, dann bringt uns das Rückwärtszählen vom Anfang des Blitzkrieges gegen England zu einem vielversprechenden Datum, nämlich zum April 1889. So unglaublich es scheint: Das fällt mit der Geburt Adolf Hitlers zusammen. Könnte es also sein, daß der Seher bei der

Berechnung von einigen seiner Vorhersagen in den *Sixains* von diesem unheilschwangereren Datum ausging? Das mag unwahrscheinlich aussehen, doch hat er in den *Sixains* 14, 21, 25 und 53 genau dasselbe System angewandt, um die Daten des deutschen Angriffs auf Polen (der laut Pitt Francis von Hitler tatsächlich auf der Grundlage einer damaligen falschen Lesart von *Centurie* III.57 geplant worden war), den Beginn des Zweiten Weltkrieges, die deutsche Besetzung von Paris und den Tod von Hitler festzusetzen. Alle Ereignisse sind aus dem Text nur im Rückblick herauszufiltern, und alle in ihm erwähnten Zahlen führen uns wieder von jenen Ereignissen zurück zum unheilverkündenden Frühjahr 1889.

Offensichtlich hatte Nostradamus großes Interesse an dem zukünftigen Führer der Deutschen, nicht zuletzt weil, wie wir später sehen werden, er ihn wie Napoleon als eine Art Antichrist gesehen zu haben scheint. Man muß das natürlich nicht alles glauben. Das einzige jedoch, was wir vielleicht aus dieser Kalkulation lernen sollten, ist folgendes: Nostradamus' Zahlen sind nicht notwendigerweise leeres Gerede, wenn er so großzügig ist, uns welche zu nennen: Sie können schon einen Bezug zu Tatsachen haben, wenn auch in einer unerwarteten Reihenfolge.

IV.15 *Von dort, wo man nur annimmt*
Hungersnot,
Kommt statt dessen langersehnte Hilfe:
Ins Land hinein liefert man Öl und Brot,
Doch sieht man nicht das Auge der
Seewölfe.

Dieser Vierzeiler wird nun schon seit einiger Zeit von den meisten als Beschreibung der atlantischen Verbände im Zweiten Weltkrieg erkannt, die das belagerte England von Amerika aus versorgen. Das »Auge der Seewölfe« (Nostradamus schreibt eigentlich »Hund« oder »Hündin« und nicht »Wolf«, aber im Deutschen hat »Seehund« eine etwas andere Bedeutung) hält man für eine inspirierte Weissagung des U-Boot-Periskops, und da die Deutschen selbst ihre U-Boot-Flotte als Horde von Seewölfen bezeichneten, kann diese Zeile natürlich gut so interpretiert werden. Auf der anderen Seite ist es vom Französischen her nicht ersichtlich, daß Nostradamus nicht vorhersah, daß die U-Boote selbst die Lieferungen ausführten anstatt sie verzweifelt zu unterdrücken versuchten. Anders ausgedrückt, scheint er hier einmal wieder das Bild als Ganzes erkannt zu haben, aber die wahre Beziehung der Einzelheiten untereinander nicht vollständig verstanden zu haben. Bemerkenswert ist auch die erstaunliche Fähigkeit, mit der Nostradamus heute geläufige Ausdrücke und Redewendungen Jahrhunderte im voraus wie durch Hellseherei zu verstehen scheint, und sie dann in aktuelle Bilder verwandelt. Wir sollten vor dieser Neigung auf der Hut sein, wenn wir die noch unerfüllten Vierzeiler untersuchen: das Gesehene und Gehörte (möglicherweise sogar das Gelesene) werden gerne miteinander verwechselt.

I.29

Wenn Fische dann zu Wasser und zu Land
Den Strand auf hohem Wellenkamm erreichen,
In Formen fürchterlich und ohnegleichen,
Der seegebor'ne Feind fast berührt die Wand.

Es liegt nahe anzunehmen, daß Nostradamus von all den Bildern des Zweiten Weltkriegs die furchtbare nukleare Zerstörung von Hiroshima und Nagasaki aufnimmt, die den Krieg schließlich beendete. Solche Geschehen wirken stark apokalyptisch. II.6 wird tatsächlich auch oft auf diese Art gedeutet (siehe Index der zitierten Prophezeiungen), obwohl es sich eigentlich auf »Tore« *(portes)* und nicht auf »Häfen« *(ports)* bezieht, und die zwei Geißeln, die die zwei namenlosen Städte heimsuchen sollen, scheinen deutlich als *Pest und Hungersnot* ausgewiesen zu sein, nicht als »Feuer vom Himmel«. Nostradamus hätte sich leichterdings auf die biblische Geschichte von Sodom und Gomorrha berufen können, hätte er Himmelsfeuer und Schwefel beschwören wollen, aber er tat es nicht. Worauf er sich allerdings berufen zu haben scheint, war etwas (nicht untypisch!), das ihm geographisch viel näher lag, nämlich die unzähligen Landungen von Amphibienfahrzeugen während des Krieges und besonders vielleicht die gewaltige Invasion der Alliierten in der Normandie 1944, wobei teilweise Gummiboote benutzt wurden – Nostradamus war schließlich Franzose. Daher wahrscheinlich dieser Spruch. Dennoch scheint Nostradamus auch hier einmal wieder eine Kleinigkeit in umgekehrter Reihenfolge gesehen zu haben, wenn er die befreienden Invasoren als »Feinde« bezeichnet, obwohl sie doch Freunde hätten sein müssen. Das könnte aber auch darauf hinweisen, daß sich der Vierzeiler eigentlich auf etwas in der Zukunft bezieht, wo das tatsächlich der Fall sein wird. Die Bezeichnung »Wand« mag seltsam erscheinen, bis man sich klarmacht, daß der Name der Deutschen für ihre gewaltige Küstenverteidigung an der französischen

Küste genau das war: der »Atlantische Wall«. Auch hier scheint der Seher also wieder einen Ausdruck »gehört« oder »gelesen« zu haben, den er dann in ein geläufiges Bild übersetzt hat.

III.97 *Neuem Gesetz in neuem Land sind Syrer,*
Judäa, Palästina untertan.
Es schmilzt die Macht der arabischen Führer,
Eh' Phoebus endet seine lange Bahn.

Wenn die letzte Zeile, wie Erika Cheetham (1989) behauptet, einen Bezug auf das zwanzigste Jahrhundert als »Jahrhundert der Sonne« darstellt (eine astrologische Auffassung, die ich nicht kommentieren möchte), dann beschreibt diese Prophezeiung möglicherweise die Gründung des Staates Israel 1948. Ob hier der erwartete Zusammenbruch der arabischen Macht im allgemeinen oder nur in Palästina angesprochen wird, ist nicht ganz klar. Wieder einmal kann die Möglichkeit nicht ausgeschlossen werden, daß der Spruch sich auf viel spätere Ereignisse bezieht.

II.89

Zwei große Führer werden Freunde sein,
Doch hat die hohe Stirn wohl größ're
Macht.
Die Herrn der neuen Welt im Lichter-
schein:
Der Blutige zieht's langsam in Betracht.

Früher verband man diesen Spruch zielsicher mit Mussolini und Hitler (»der Blutige«). Heute ist es einträglicher, ihn auf die revolutionäre Serie von Gipfeltreffen zwischen Ronald Reagan und Michael Gorbatschow zu beziehen, die im November 1985 begannen und die sicherlich letzten Endes zu der Neuordnung der Weltmächte und zur Vergrößerung des amerikanischen Einflusses auf Kosten der Sowjetunion und ihrer Verbündeten führte. Der auffällige rote Blutschwamm auf Gorbatschows Stirn wird somit zu einem großen Geschenk für die Interpreten. Wer weiß, vielleicht haben sie ja recht.

I.70

Persien kennt Hunger, Regen, Krieg endlos:
Durch Treue übergroß wird der Monarch umgarnt.
Was hier so endet, ging in Frankreich los.
Es wird ihn treffen, so das Schicksal warnt.

Heute wird dieser Spruch allgemein der Iranischen Revolution und der Vertreibung des früheren Schahs von Persien durch die islamischen Fundamentalisten (»übergroße Treue«) zugesprochen. In diesem Fall kam die treibende Kraft tatsächlich aus Frankreich, wo der Ayatollah Khomeini, der Anführer und Vordenker der Revolution, zur damaligen Zeit Asyl gesucht hatte.

VIII.70

Ein schlechter Mann, so böse und gemein,
Kommt der irakische Tyrann herbei.
Und Babels große Hure setzt sich ein:
Mit schwarzer Fratz' das Land wird Wüstenei.

Bis vor kurzem hatte niemand diese Vorhersage zufriedenstellend entschlüsseln können. Der vor gar nicht langer Zeit angefangene und schnell beendete sogenannte Golfkrieg in Kuwait scheint sie jedoch nur zu gut zu erfüllen. Trotz der störenden ausdrücklichen Bibelsprache scheint alles gut beschrieben zu sein: sogar das fast apokalyptische Bild vom verdunkelten Himmel und ölbedeckter Wüste, das tagelang ohne Unterbrechung über die Fernsehschirme flimmerte. Wie immer ist aber auch hier eine Zweideutigkeit in den Zeilen: Diesmal bezieht sie sich auf das Land, in das der »Tyrann« Einzug hält: Ist es Mesopotamien (der Irak selbst) oder ein anderes Land? Gleichzeitig scheint sich Nostradamus große Mühe gegeben zu haben, das Wort für »Land« in der letzten Zeile zu verschleiern, fast als nähme er an, letzteres würde sich eher auf den »Tyrann« und nicht auf das Land beziehen, obwohl der sprachliche Zusammenhang klar eine andere Lesart andeutet. Das könnte wiederum bedeuten, daß ihm nicht nur seine Visionen, sondern auch ein großer Teil der tatsächlichen Wortfolge seiner Prophezeiungen im Trancezustand erschienen, und daß er es daher vorzog, sie eher durch eine andere Schreibweise zu verhüllen als durch andere Wörter. Es scheint fast, als betrachtete er die Worte selbst – oder wenigstens ihren Klang – als irgendwie heilig oder geweiht und unveränderbar (vergleiche beispielsweise die Einstellung, die in der letzten Zeile des Spruchs zu Beginn des zweiten Kapitels angesprochen wird). Diese Tatsache könnte uns helfen, den oftmals so groben und unüberarbeiteten Zustand von Nostradamus' Werk zu erklären.

VIII.15 *Die Mühen eines Mannweibs aus dem Norden*
Europa und den Rest zermartern, jagen
Gefallne Führer, bis sie müd geworden.
Die Slawen Tod und Überleben plagen.

Der größte Teil dieser Zeilen scheint auf unheimliche, vielleicht ironische Weise die sogenannte »Eiserne Lady« von Großbritannien vorherzusagen, die ehemalige Premierministerin Margaret Thatcher, so nahm man allgemein an. Doch erst in letzter Zeit konnte der Spruch zufriedenstellend gelöst werden. Das liegt größtenteils daran, daß Nostradamus das Wort *ducs* in der dritten Zeile auf der Basis des lateinischen *dux* (»Führer« oder »General«) als *deux* verschlüsselt hat (und das nicht zum letzten Mal), wodurch es ihm gelang, Generationen von astrologisch interessierten Interpreten hinters Licht zu führen. Die glaubten nämlich, er spreche von »zwei Sonnenfinsternissen« anstatt von »gefallenen Führern«. (Wir sollten uns an seine warnenden Worte erinnern, die zu Beginn des zweiten Kapitels zitiert wurden!) Rätsel dieser Art sind fast immer ein Hinweis darauf, daß Nostradamus verschlüsselt schreibt.

VI.74

Einmal vertrieben, kehrt sie zurück zur Macht,
Es zeigt, daß Feinde nur Verräter waren:
Nun herrscht sie wieder in noch größ'rer Pracht,
Und sie lebt bis zu dreiundsiebzig Jahren.

Zu guter Letzt ein Beispiel für eifrige Spekulationen. Früher wurde dieser Vierzeiler (mit einigen Schwierigkeiten) auf Königin Elizabeth I. bezogen, jedoch haben die englischen Medien ihn kürzlich wiederentdeckt und voreilig beschlossen, daß auch er von Margaret Thatcher handelt. Vielleicht haben sie recht. Obwohl sich dieser Spruch also eventuell gerade erst erfüllt, können wir dennoch nicht ganz sicher sein, bevor sich die vierte Zeile bewahrheitet hat. Wenn das hier der Fall ist (ganz zu schweigen von der Zuordnung), wird sich diese Vorhersage, wie so viele andere auch, erst *nach* dem Ereignis als wahr oder unwahr erweisen ...

Die Lektion verstehen

Schon sind wir am Ende unseres kurzen Überblicks über die etwas auffälligeren der schon erfüllten Vorhersagen des Nostradamus. Es gibt sicherlich noch viele andere, aber nur wenige von ihnen reichen an die besten von denen heran, die ich hier wegen ihrer Klarheit und Genauigkeit aufgeführt habe. Daß auch die anderen oft angegeben werden, liegt viel eher an der fast krankhaften Besessenheit und Verzerrung der Interpreten als an der echten hellseherischen Eigenschaft der Sprüche. Auch ist das nicht der einzige Einfluß, dem sie unterworfen waren.

Keines der letzten drei *Centuries* beispielsweise (und überhaupt keines der *Sixains*) wurde vor dem Tod des Propheten veröffentlicht. Diese Tatsache bot anderen Händen die Möglichkeit, das Werk des Nostradamus herauszugeben oder sogar eigene »Vorhersagen« einzuflechten. Die meisten der Voraussagen, bei denen man dieses Schicksal vermutet, enthalten sachliche Fehler, jedoch nicht solche, wie man sie von nachträglichen Besserwissern vermuten würde (wenn die Übeltäter nicht schlau genug waren, absichtlich Fehler einzubauen, um den Eindruck von Echtheit zu erwecken!). Daher ist die Möglichkeit solcher Störungen für unsere Untersuchungen hier nicht allzu wichtig, besonders, da der größte Teil der Prophezeiungen seit Jahrhunderten natürlich davon unberührt geblieben ist.

Wir haben schon darauf hingewiesen, daß Königin Katharina de Medici in vollem Bewußtsein der Voraussagen gehandelt haben mag; auch andere könnten das getan haben. Die Bourbonenkönige, Napoleon Bonaparte und Adolf Hitler in den dreißiger Jahren (durch Vermittlung von Frau Goebbels) sollen die Prophezeiungen angeblich alle als eine Art »Omen« verstanden und sie deshalb als Wegweiser für ihre Taten benutzt haben (vergleiche Pitt Francis). Auch selbst herbeigeführte Bewahrheitung scheint das Wasser noch weiter zu trüben.

Aber all das ist nichts, verglichen mit den ausführlichen falschen Interpretationen, die die Weisheitssprüche seit ihrem Erscheinen verfolgen. Generationen von Auslegern haben die Aussagen der Verse absichtlich falsch gelesen, sie wiederholten die Fehler der anderen endlos, weil sie verzweifelt versuchten, ihnen die Bedeutung zu geben, die sie in ihnen zu finden glaubten. Ein fast untrügliches Zeichen dieser Art von Bearbeitung ist die Neigung, durch die Vorhersagen gerade vergangene oder im Verlauf begriffene Ereignisse ohne jegliches Verhältnis zur Realität aufzubauschen, ungeachtet der Tatsache, daß sie sich überhaupt nicht mit Nostradamus' vorrangigen Sorgen vereinbaren lassen.

Diese Tendenz gibt es noch heute. Ihr zuliebe werden Wörter ausgelassen, die Zeitenfolge durcheinandergebracht, ganze Sätze behandelt, als wären sie nicht mehr als magische Runen, und jegliche interpretatorische Unvoreingenommenheit wird in den Wind geschlagen.

Aber gerade weil das ein so großes Ausmaß angenommen hat, haben wir um so mehr die Pflicht, selbst nicht in die gleiche Falle zu geraten. Nostradamus sein Maß an interpretatorischer Freiheit zuzugestehen (wie ich es oben manchmal getan habe) ist eine Sache; seine klaren Aussagen völlig zu verzerren, damit sie unseren vorgefaßten Meinungen entsprechen, etwas vollkommen anderes. Wie wir schon früher erklärt haben, sind Vorurteile jeglicher Art ein Luxus, den wir uns hier überhaupt nicht leisten können. Zumindest in der Anfangsphase müssen die Worte des Sehers für bare Münze genommen werden, wenn auch immer mit Bezug zum Gesamtzusammenhang. Erst wenn wir offensichtlichen Unsinn vor uns liegen haben, der uns vermuten läßt, daß Nostradamus seine

Schreibweise, sei es aus Verhüllungstaktik oder sogar aus reiner Widerspenstigkeit, verändert hat, sind wir berechtigt, den Text aufs neue durchzusehen und auszuprobieren, welches andere Wort oder welcher Ausdruck eventuell hinter der betreffenden kniffligen Stelle stecken könnte. Und selbst dann ist es Ehrensache, für alle sichtbar zuzugeben, welche Änderungen oder Einsetzungen man vorgenommen hat.

Die ganze Zeit über müssen wir natürlich die anderen Lehren im Hinterkopf behalten, die wir aus den in diesem Kapitel aufgeführten Vorhersagen gezogen haben. Nostradamus ist nicht unfehlbar, wie wir gesehen haben. Nicht immer gelingt es ihm zu erkennen, wie die Einzelheiten eines Bildes zusammengehören; manchmal verwechselt er sogar Anfang und Ende. Gelegentlich sind seine Vorhersagen so allgemein gehalten, daß sie sich auf fast jeden beziehen könnten und daß sie überall in der Welt zu jeder möglichen Zeit erfüllt werden könnten. Er ist besonders hellhörig, wenn es um die Bedrohung der etablierten Ordnung geht und was die christliche Religion und jeden Verrat an ihr anbelangt. Manchmal sind seine Gedanken so schleierhaft, daß eine ordentliche Portion von Mutmaßung hier und dort zur Hilfe genommen werden muß – aber natürlich immer nur im Textzusammenhang und nie im allgemeinen. Er tendiert dazu,

Unglücke und Katastrophen mit den Worten der biblischen Endzeitlehre zu beschreiben, dabei schreibt er ihnen überdimensionale Ausmaße zu, die ihnen sicher nicht gerecht werden. Hin und wieder erwähnt er Namen, doch flüchtet er sich auch gerne in Anagramme. Gelegentlich spezifiziert er einen einzelnen Zeitpunkt, jedoch muß man vorsichtig sein, wenn man die genaue Bezeichnung und die benutzte Einheit (Jahre, Monate, Tage) festlegt. Man kann ihn fast nie endgültig interpretieren, bevor das Ereignis wirklich eingetreten ist, oder zumindest, bevor es nicht wenigstens in Sicht ist. Er scheint nicht nur hellsehen, sondern auch hellhören zu können, benutzt er doch ständig aktuelle Ausdrücke und Redewendungen, die uns nicht nur im voraus in interpretatorischer Hinsicht überhaupt nichts nützen, sondern die sogar zu konkreten Bildern umgeformt werden, die uns im nachhinein verblüffen – so wie sie wahrscheinlich auch Nostradamus verblüfften.

4
Die kommenden Jahre

Durch unser heutiges Wissen sind wir nun in der Lage, die über Nostradamus und seine Arbeitsmethoden angesammelten Kenntnisse auf die Mehrzahl seiner noch nicht erfüllten Weissagungen anzuwenden.

An wenigen ausgewählten Prophezeiungen werde ich die nähere Zukunft, vor allem Europas, so skizzieren, wie sie Nostradamus nach meiner Deutung sieht.

X.72 *Kommt 1999 siebter Monat herbei,*
Da stellt sich plötzlich vor ein reicher Mann,
Macht den Mongolenherrscher wieder frei,
Krieg gab's zuvor, er fängt nun wieder an.

Dies ist wohl die berühmteste – und auch gefürchtetste – von Nostradamus' Vorhersagen. Das liegt zweifelsfrei zum einen Teil an dem genauen Datum, zum anderen

Teil daran, daß die meisten Übersetzungen den Ausdruck in Zeile 2: *Roy deffraieur* (»Kosten übernehmender König«) – der selbst möglicherweise schon ein Druckfehler von *Roy de freieur* ist – ziemlich zweifelhaft mit »König des Schreckens« wiedergeben, so als ob dort *Roy d'effrayeur* stünde. Wahrscheinlich beabsichtigte Nostradamus tatsächlich diese Zweideutigkeit. Hinter dunklen Wolken erscheint oft ein Silberstreif am Horizont, genauso wie umgekehrt, und das ist bei apokalyptischen Wolken nicht anders. Doch dann stellt sich die Voraussage wie schon so oft als überhaupt nicht endzeitbezogen heraus. Hier würde so gut wie jeder rettende (oder bedrohende) Führer passen, besonders einer mit Geld in den Taschen. Hier beschließt eine mächtige Person der Weltpolitik, als Zahlmeister einzuspringen und die Wiederaufnahme des gewaltigen Vorwärtsmarsches zu finanzieren, nachdem die orientalischen Invasionskräfte irgendwo im Mittleren Osten aufgrund des Todes ihres Anführers halt gemacht haben – wahrscheinlich infolge von Geldmittel- oder Ausrüstungsknappheit. Gleichzeitig bekräftigt der Nothelfer seinen Führungsanspruch. Die Tatsache, daß sich Nostradamus hier verpflichtet fühlt, sein Schweigen zu brechen und das Datum des Ereignisses zu verraten, weist einerseits darauf hin, daß er glaubt, er gebe damit eine Art Ausgangspunkt für die gesamten folgenden Vorhersagen.

Andererseits zeigt er dadurch, daß sich die Vorhersage als historisch ausschlaggebend für die Zukunft von Europa im allgemeinen und für die Zukunft seiner Heimat im besonderen herausstellen wird. Erika Cheetham tut gut daran, uns zu warnen, jedoch werden die »sieben Monate« eigentlich nicht von Januar ab gezählt, sondern von Nostradamus' Neujahrstag an, und das war die Tagundnachtgleiche am 20./21. März.

V.84 *Der unbekanntem Volksstamm angehört,*
Aus großer Stadt am Golf im Orient,
Bis nach Rouen, Evreux hinauf zerstört
Die Macht des Prinzen alles, das bekennt.

In dieser Strophe enthüllt Nostradamus vollständig den zerstörenden Ehrgeiz des neuen Moslemführers. Geboren in einer Stadt, die stark nach Kairo aussieht (der »Golf« kann gut das Mittelmeer sein wie auch schon bei Franco im 3. Kapitel), die aber genausogut Alexandria oder Istanbul sein könnte, will er unbedingt das Herrschaftsgebiet des Papstes zerstören, also die europäische Christenheit, und zwar nicht nur im Süden, sondern hoch bis in die Normandie in Nordfrankreich.

II.39 *Ein Jahr, eh' in Italien Krieg in Sicht,*
Sich Frankreich, Deutschland, Spanien
fühln im Recht:
Erst wenn die Puppenrepublik zerbricht,
Sie sehen: Recht zerstört wird durch Gefecht.

Da jetzt ein flächendeckender Krieg in Sicht ist, scheint die ausländische Macht entschlossen, die Verwaltungsgemeinschaft zu überwältigen. Sie wurde vor nicht langer Zeit von den drei erwähnten optimistischen Nationen gebildet und wird von Nostradamus »Die Klassenzimmerrepublik« genannt. Das legt natürlich eine Identifizierung mit der gegenwärtigen Europäischen Gemeinschaft nahe. Die Auseinandersetzung wird aber sicherlich ein paar Länder mehr mit einbeziehen als nur Frankreich und Italien.

II.84 *Zwischen Neapel und Florenz kein Regen*
Sechs Monate, neun Tage überall.
Und durch Dalmatien klingt fremder
Worte Schall,
Wie Sturmwinde sie über's Land wegfegen.

Nostradamus beginnt nun, uns die wohl ersten genauen Angaben über die Route der hier behandelten Invasion zu machen. Die erste Zeile, die im Original ausdrücklich Kampanien, Siena, Florenz und die Toskana benennt, soll hier wahrscheinlich als eine Art meteorologische Androhung des Kommenden dienen. Nach einer vorübergehenden Zeit der Dürre werden sich die fremden Wehrverbände offenbar nach Dalmatien an der Westküste des früheren Jugoslawiens begeben, danach überfallen sie den Rest des Landes. Ob Nostradamus damit Jugoslawien oder Italien meint, wird an dieser Stelle nicht ganz deutlich.

II.33 *Wie an Veronas wildem Strom, der nah*
Vom großen Po-Delta ins Meere wallt,
So gibt's an der Garonne einen Eklat,
Wenn das Genueser Heer dort kommt zu Halt.

Die Horden rücken immer näher. Einen großen Verlust an Menschenleben wird es an der Etsch geben, die etwas nördlich vom Po in die Adria fließt. Offensichtlich stürmen die Eindringlinge von Nordosten aus herein und verteilen sich über die gesamte lombardische Ebene. Daher kann sich der Text nun schlechterdings nicht mehr auf die alte Invasion der Osmanen beziehen. Das ist die Realität, und sie betrifft unsere eigene Zukunft. Die Erwähnung des Wortes *naufrage* (»Schiffbruch«) im Original legt nahe, daß es einen großen Verlust von Menschenleben und Material in den Wassern der Etsch geben wird. Außerdem wird langsam das beachtliche Ausmaß des erwarteten Konflikts klar: Nostradamus sieht tatsächlich voraus, daß sich das gleiche Szenario später an der Garonne im Südwesten Frankreichs wiederholt, wenn die Streitkräfte aus der Gegend um Genua wiederum den Fluß überqueren. Das bedeutet aber nicht notwendigerweise, daß es sich um Italiener handelt: Nostradamus benennt die eindringenden Armeen gerne nach dem Gebiet, das sie zur Zeit besetzen. Daher kann es wenig Zweifel geben, daß es sich hier um eben die asiatische Invasionsarmee handelt, die schon Nordwestitalien in ihrer Gewalt hat und schließlich auch für die Katastrophe in Frankreich verantwortlich sein wird.

VIII.11 *Ein zahlenloses Volk befällt Vicenza,*
Ohne Gewalt jedoch der Dom in Brand.
Nahe Lugano kommt er von Valenza,
Venedig hält dem Feind zur See noch stand.

Nostradamus deckt auf, daß die Invasion kurioserweise nicht immer nur aus Kämpfen bestehen wird. Manchmal wird man die einfallenden Horden widerstandslos die Städte und Ortschaften einnehmen lassen. An anderen Stellen wird jedoch heftige Gegenwehr geleistet. Ein Befehlshaber wird gezwungen, sich von Valenza (in der Mitte des Dreiecks Turin, Mailand, Genua) in die Berge zurückzuziehen, wo er dann auf dem Weg vom Lago Maggiore und vom Comer See in Richtung Norden geschlagen wird. Venedig an der Adriaküste leistet weiterhin Widerstand.

V.62

Das Blut wie Regen tropft auf Steine schon.
Die Sonne steigt, Saturn auf West erkannt.
In Rom gibt's böse Tat, Krieg nah Orgon,
Schiffbruch: der Dreierthron in Feindeshand.

Wie Nostradamus nun in dieser Zusammenfassung der jetzt bevorstehenden Ereignisse bekräftigt, ist die östliche Invasionsarmee entschlossen, sich zuerst in Italien und dann in Südostfrankreich auszubreiten. Die genauen Angaben sind gerafft, fast im Telegrammstil, doch sieht der Anfang verdächtig nach einem Seeangriff im Morgengrauen aus. Schließlich werden Rom und der Vatikan, Sitz des Fischers Petrus, eingenommen. In der Zwischenzeit beginnen die Invasoren in Frankreich, in die Rechte der östlichen Gebiete im Rhônedelta einzugreifen (die Stadt Orgon ist ein Verwaltungszentrum an der Durance).

V.13

Der Herr aus Rom schickt voller
schwarzem Grimm
Die Araber, nach Belgien zu drängen:
Zurück treibt man sie dann genauso schlimm
Vom Ungarland bis zu Gibraltars Engen.

Tatsächlich scheint sich hier ein Licht am Ende eines langen Tunnels zu zeigen. Letztendlich scheint den Verteidigungskräften von Belgien aus ein Durchbruch zu gelingen, der in der Umkehrung aller Erfolge der Invasoren endet und seinen Höhepunkt in ihrer endgültigen Vertreibung aus Europa findet.

III.49 *O weh, Frankreich, welch Wechsel dich ergrimmen!*
Du wirst von fremden Händen nun regiert.
Neue Gesetze, Bräuche dich bestimmen.
Rouen und Chartres man dir aufdiktiert!

Das alles liegt jedoch noch weit in der Zukunft. Zunächst einmal muß das ganze düstere Elend durchlitten werden. Schließlich ist praktisch ganz Frankreich in den Händen der Invasoren, die dort umgehend ein vollkommen neues Regierungssystem eingerichtet haben. Im Zuge dieser Veränderung wird das Land nicht länger von Paris aus regiert, weil die Hauptstadt wahrscheinlich nicht mehr imstande ist, diese Funktion auszuüben. Statt dessen übernehmen regionale Zentren wie Rouen und Chartres die gesamte Verwaltung. In diesen zwei Fällen stellt sich das Besatzungssystem sogar als besonders unterdrückend und brutal heraus.

So kommt es, daß das mächtige Pendel des Krieges, wenn wir Nostradamus Glauben schenken können, in Europa schließlich seinen weitesten Ausschlag erreicht.

Wie es nun einmal bei Pendeln ist, ist alles, was nun möglicherweise folgt, ein mächtiger Gegenschlag, denn es liegt in der Natur der Wirklichkeit, daß sie weder vom Guten noch vom Bösen für ewig beherrscht werden kann. Tatsächlich kann es das eine nicht ohne das andere geben, und daher neigt immer alles zu einer Art von unbefriedigendem Gleichgewicht. Ob sich diese Situation irgendwann ändert, hängt natürlich vollkommen davon ab, ob wir lernen werden, unser Bewußtsein, unsere Erfahrungsweise zu ändern. Nostradamus und die Menschen mit ähnlichen Ansichten bringen womöglich diese höchste menschliche Errungenschaft mit der Ankunft des Tausendjährigen Reiches in Verbindung. Aber zwischen dem Ereignis und der gegenwärtigen Krise scheint noch eine ganze Menge zu passieren . . .

XII.24

Der mächt'ge Beistand, kommend von Guyenne,
Stößt bei Poitiers auf seinen Widerpart.
Lyon ergibt sich vor Montleul und Vienne
Und wird geplündert von Volk jeder Art.

Die Befreier rücken weiter vor. Im Westen sind der britischen Invasion von Westfrankreich klare Grenzen gesetzt. Im Südosten wird Lyon schließlich von einer Zangenbewegung eingenommen, ausgehend von Montleul (leicht nordwestlich) und von Vienne (im Rhônetal).

III.38

Frankreichs Verbände mit fremder Streitkraft
Hinter den Bergen Tote viel benennen.
Sechs Monde später, Ernte noch nicht geschafft,
Die Anführer sich einvernehmlich trennen.

Wie immer bei Nostradamus, erscheint auch hier ein Licht am Ende des Tunnels, wie unerträglich dunkel er auch immer in diesem Moment zu sein scheint. Nur sechs Monate nach der mörderischen Frühjahrsoffensive in Nord- und Mittelitalien verhandeln die Alliierten mit den übriggebliebenen asiatischen Eindringlingen über deren Kapitulation.

IV.50

Im Herbst des Westens volle Macht entsteht,
Er herrscht dann über alles nach Belieben:
Doch niemals Asiens Herrschaft untergeht,
Bis nicht das Zepter halten hoch die sieben.

Nostradamus liefert uns nun eine Art Zeitplan für das gesamte Vorhaben, die Invasoren aus Europa zu vertreiben. Er gibt an, daß es sechs Regierungswechsel lang dauern wird, bis der gesamte Kontinent befreit ist. Wenn man bedenkt, daß Nostradamus Franzose war, bezieht sich diese Angabe wahrscheinlich auf Frankreich. Damit könnte tatsächlich eine Zeitspanne von sieben Amtszeiten des Präsidenten (was auch immer er sich darunter vorstellte) gemeint sein, was neunundvierzig Jahren entspricht. Wenn das zutrifft, und wenn vom Beginn der großen westlichen Gegenoffensive an gezählt werden soll, würde das bedeuten, daß der Endsieg erst ziemlich spät im einundzwanzigsten Jahrhundert eintritt. Wenn wir allerdings vom Beginn des gesamten europäischen Konflikts im Jahre 1999 an zählen sollen (was wahrscheinlicher ist), dann läge der Endsieg ungefähr im Jahre 2048. Andererseits sind die ersten französischen Präsidentenwahlen nach 1999 theoretisch erst 2002, dann wären wir sechs Amtszeiten weiter schon im Jahre 2044, wobei Todesfälle oder Abdankungen das Datum der endgültigen Siegesfeiern auch bis in die späten dreißiger Jahre des neuen Jahrtausends vorrücken könnten. Es ist interessant, daß die moderne Prophetin Jeane Dixon das Jahr 2037 für eben das Ereignis vorausgesehen hat.

X.86 *Der König wie ein Griffon aus Europa hetzt,*
Gefolgt von allen nördlichen Kollegen.
Rote und Weiße zahlreich führt er jetzt
Den großen Herrschern Babels kühn entgegen.

Im Licht des vielsagenden Bezugs auf den König von Babylon in der letzten Zeile war es für die Kommentatoren in der Vergangenheit nur zu einfach, diese Vorhersage in einen düsteren apokalyptischen Zusammenhang zu stellen. Wie immer scheint hier aber von etwas viel Konkreterem die Rede zu sein, nämlich von der endgültigen Zerschlagung der asiatischen Koalition durch die Staaten Nordeuropas, die sich entschlossen haben, die Orientalen nicht nur aus Europa zu vertreiben, sondern sie den ganzen Weg zurück in den Mittleren Osten zu verfolgen und ihre Macht dort vollständig zu zerstören. Das ungewöhnliche, doppeldeutige Bild des »Griffons« könnte sich auf die geographische Löwengestalt Großbritanniens beziehen, das mit dem ebenso traditionellen Adler Italiens, Deutschlands, Polens und des früheren kaiserlichen Frankreichs verbündet ist – vielleicht sogar mit den Vereinigten Staaten von Amerika. Die »Roten« und »Weißen« sind viel schwerer zu entziffern: Es könnte sowohl eine politische wie eine rassische Zuweisung sein, oder auch etwas ganz anderes: Es ist wohl höchst unwahrscheinlich, daß die »Roten« mit dem schon erwähnten Regime nach der Invasion in Südwestfrankreich gleichzusetzen sind, wenn sie nicht in der Zwischenzeit der jüngste militärische Feldzug gegen sie überzeugt hat, die Seite zu wechseln.

VII.36

Nach Istanbul kommt Gottes Sakrament
Mit sieben roten Kahlköpfen im Gespann.
Für Ihre Gnaden Trabzons Parlament
Macht zwei Gesetze: erst Schrecken,
Glauben dann.

Was nun zu folgen scheint, ist schier unglaublich: Eine Delegation von missionierenden Kardinälen erreicht das ehemalige Byzanz; sie sind entschlossen, die besiegten Moslems sozusagen mit dem Schwert zum Christentum zu bekehren – falls Zeile drei nicht bedeutet, daß sie selbst bekehrte Asiaten sind. Verständlicherweise reagieren die betroffenen Einwohner zuerst mit reiner Panik. Die Missionare werden vom Parlament verdammt, das momentan weiter östlich in Trabzon zusammengetroffen ist, wohin es vor den europäischen Invasoren geflohen ist. Trotzdem ist die Delegation mit ihren Bekehrungsversuchen erfolgreich, wahrscheinlich, weil sie die Religion der Sieger vertritt.

X.89 *Ob Stein, ob Marmor: Mauern sind zerstört.*
Dann siebenundfünfzig Jahre Friedenszeit.
Die Aquädukte neu; dem Mensch gehört
Nun Friede, Freude, Wohlstand,
Fruchtbarkeit.

Wenn hier sowohl die Gebäude der ehemaligen Regierung als auch der Kirche als Machtsymbole niedergerissen werden, erhält man nun endlich den Eindruck, daß der alte Zustand wiederhergestellt ist und daß der Wohlstand länger als ein halbes Jahrhundert andauern wird. Sicherlich bedeutet diese Tatsache auch, daß die Welt oder wenigstens Europa danach wahrscheinlich wieder von einem Krieg überwältigt wird. Aber immerhin gibt es solch lange Friedenszeiten relativ selten, daher wird die Menschheit wohl für dieses Geschenk dankbar sein müssen. Auf jeden Fall ist eine lange Phase nie dagewesener Auseinandersetzungen im Mittelmeergebiet und in Westeuropa nun endlich beendet worden, und die Menschheit kann freudig einigen Jahrhunderten entgegenblicken, in denen es zwar auf der ganzen Welt nicht immer schön sein wird, deren Hauptprobleme und Errungenschaften aber wenigstens völlig anderer Art sind als alles bisher Erlebte.

Die ferne Zukunft

I.56 *Ihr werdet sehen bald die große Wende.*
Die Zeichen Schrecken, grause Rache meinen,
Wenn erst das Mondlicht auf des
Schicksals Hände
Am höchsten Standpunkt wird im
Winkel scheinen.

Das wahrscheinlich auffälligste Merkmal dieser letzten Vorhersagen ist wohl ihre Unverbindlichkeit und das Fehlen von konkreten Angaben, fast so, als wäre die Welt nach den traumatischen Ereignissen des einundzwanzigsten Jahrhunderts so verändert, daß sie praktisch nicht mehr wiederzuerkennen ist, nicht einmal mehr für Nostradamus . . .

I.63

Das Weh vorbei, die Welt wird kleiner werden:
Die Länder leer, lang wird man Frieden sehn.
Sie reisen in der Luft, auf See, auf Erden.
Dann wird erneut ein böser Krieg entstehn.

Nach all den Katastrophen der letzten vierzig Jahre wird es scheinbar eine lange Zeit des Friedens und des Fortschritts geben. Die erste Zeile sollte man nicht unbedingt als Vorhersage verbesserter Kommunikationswege verstehen (wie uns viele Kommentatoren glauben machen wollten), auch wenn Nostradamus das Fliegen als weit verbreitete Reisemöglichkeit vorhersieht: Es ist nur so, daß die Bevölkerung großer Teile Europas im besonderen durch Krieg, Hungersnot und Krankheit (wahrscheinlich in dieser Reihenfolge) so weit dezimiert wird, daß es fast keinen Grund mehr gibt zu kämpfen und dafür auch kaum noch Menschen vorhanden sind. Ganze Landstriche werden verlassen sein oder, wie sich Nostradamus ausdrückt, *inhabitées* (was allerdings nicht »bewohnt« bedeutet, wie man auf den ersten Blick vielleicht meinen könnte, sondern ganz im Gegenteil »unbewohnt«). Besonders Italien und Frankreich leiden unter diesem Phänomen. Erst nach dieser langanhaltenden Zeit des Friedens kommt es schließlich zu den letzten Prüfungen, die zur endgültigen großen Wende führen.

V.32

Wenn alles gut ist und die Sonne strahlt,
Mitten im Wohlstand bricht Unglück herein,
Noch wenn mit Eurem großen Glück Ihr prahlt,
Erscheint am Himmel wie der Siebte Stein.

Wenn wir Nostradamus Glauben schenken können, ist das erste Anzeichen für das Ende von Frieden und Überfluß die Erscheinung einer Art Komet am Himmel, der wie der siebte Stein aus der biblischen Offenbarung des Johannes brennt und der wie ein grüner Serpentin, goldener Topas oder gelber Olivin beschrieben wird. Möglicherweise werden wir hier mit der Wiederkehr des Kometen Swift-Tuttle im Jahr 2126 konfrontiert. Andernfalls wird irgendein anderer Himmelskörper mit der Erde kollidieren und insbesondere den reichen Landstrichen der Welt den Untergang bringen.

I.48 *Der Mond jetzt zwanzig Jahr' bestimmt den Plan.*
Ein Neuer herrscht nach siebentausend Jahren.
Bevor die Sonne aufnimmt ihre Bahn,
Werden sich meine Worte offenbaren.

Vielleicht ist dies der Höhepunkt der nostradamischen Weissagungen: Er behauptet, daß all seine Prohezeiungen bis zum Jahre siebentausend erfüllt sein werden, das heißt, siebentausend Jahre nach der biblischen Schöpfung. Da er die Erschaffung der Welt in seinem *Brief an Heinrich den Zweiten, König von Frankreich* auf das Jahr 4173 v. Chr. festsetzt, muß dementsprechend das »siebte Jahrtausend« im Jahre 2827/8 enden. In der ersten Zeile wird außerdem noch der Zeitpunkt der ersten Veröffentlichung des Vierzeilers selbst angegeben: Es ist das Jahr 1555, da Roussat und andere annehmen, daß der letzte große astrologische Mondzyklus von 1535 bis 1889 andauerte.

5
Wer gewarnt ist, ist gewappnet

Fünfhundert Jahre: Man gibt auf ihn acht,
Der das Entzücken seiner Tage war.
Plötzlich bricht strahlend durch des Lichtes Macht,
Als stelle es den neuen Zuspruch dar.

Centuries: III.94

Nostradamus hat sein Licht nie unter den Scheffel gestellt, und mit diesen leidenschaftlichen Worten, die anscheinend von ihm selbst sprechen, hat er wohl den Triumph seiner Prophezeiungen und deren Anerkennung in der Gesellschaft bis zum Jahre 2055 vorhergesagt. Das würde bedeuten, daß die meisten der größeren Vorhersagen bis zu diesem Zeitpunkt erfüllt und damit auch bei den größten Zweiflern anerkannt sein werden.

Wahrscheinlich wird das alles nötig sein, um so eine

unwahrscheinliche Kehrtwende in der Einschätzung von Nostradamus herbeizuführen. Solange sie sich nicht tatsächlich zutragen, scheinen die meisten seiner Vorhersagen mindestens so gut wie abwegig zu sein; und sie wirken noch abwegiger, wenn man seine eigenen oft wiederholten Worte bedenkt, daß viele von ihnen nicht unausweichlich eintreten müssen. Offenbar hängt sehr viel von unseren Reaktionen auf die Ereignisse und von unserer Einstellung zu den Vorhersagen selbst ab.

Geschichte wiederholt sich

Daher müssen wir uns immer die Tatsache vor Augen halten, daß sich einige der angeblich »zukünftigen« Prophezeiungen schon längst erfüllt haben, entweder ganz oder teilweise. Europa und Nordafrika sind immerhin schon vor langer Zeit von muslimischen Truppen aus dem Osten über Konstantinopel überfallen worden. Die osmanische Besatzung dauerte ungefähr vierhundert Jahre von 1453 an, und ihre grausamen Folgen, die religiösen und ethnischen Konflikte, sind bis heute sichtbar, besonders auf dem Balkan. Nostradamus selbst sprach wiederholt davon und nannte nicht nur seinen Zeitgenossen, den Osmanen Sultan Selim I., sondern auch dessen

Nachfolger auf dem Pfauenthron, Suleiman den Prächtigen, und zwar ausdrücklich als Soliman und verschlüsselt durch das Anagramm *(L') Ogmios* (das man wahrscheinlich als »Solimog« lesen sollte), und das war ja auch der Name des sprachgewaltigen gallischen Gottes, der dem Herkules aus der Antike entspricht...

Auch die Päpste haben schon vor langer Zeit die Vorhersagen von Nostradamus erfüllt, als sie aus Rom in das Rhônetal flüchteten. Im vierzehnten Jahrhundert verharrten die französischen Päpste dort fast siebzig Jahre. Der Palast in Avignon steht noch immer. Auch als sie in den Vatikan zurückkehrten, blieb das französische Papsttum bestehen und führte so schließlich zu einer außergewöhnlichen Konstellation, als es nämlich zwei Päpste gab. Diese bezeichnete man (und tut es immer noch) als Papst und Gegenpapst (»anti-pope«), wodurch es sogleich vielsagend in den Köpfen derer klingelt, die immer nur an Apokalypsen und Antichristen denken. Auch wurde später ein Papst von Napoleon in Valence gefangengehalten, der dort schließlich starb, jedoch offensichtlich eines natürlichen Todes.

Außerdem hatten wir in Napoleon zusammen mit Hitler und Stalin schon drei antichristliche Diktatoren, die zumindest in den Augen mancher Menschen den nostradamischen Beinamen des »Antichristen« sehr wohl verdient haben, auch wenn sie nicht den Anstand besaßen, bis zum Ablauf des Zeitalters zu warten.

Daher sind orientalische Invasionen, päpstliche Auseinandersetzungen und auch Antichristen nichts Neues. Und auch blutige Zeiten sind es nicht. Die gab es schon so häufig in der Vergangenheit, und auch in der Zukunft wird es sie zweifellos immer wieder geben. Leider oder glücklicherweise ändert sich die Natur des Menschen nie. Daher ist es nicht vollkommen ausgeschlossen, daß die dunkleren Abschnitte der Geschichte auch zukünftig wiederholt auftauchen, und zwar, wie es Nostradamus' Vorhersagen anzudeuten scheinen, bis zum Anbruch der wie auch immer gearteten Endzeit. Wie König Salomon, gar nicht zu sprechen von den Hindus und Buddhisten, glaubte wohl auch Nostradamus ganz fest an dieses Prinzip.

Den Boten beschuldigen

Wenn wir diese Tatsachen berichten, könnte man uns beschuldigen, nur schlechte Nachrichten zu verbreiten im Sinne des vierten prophetischen Gesetzes (S. 40), die Zukunft überhaupt erst zu erschaffen, die wir so sehr fürchten. Andererseits: Waren Nachrichten jemals nicht vorrangig schlecht? Das Gegenstück zu Nostradamus' Vorhersagen wären rückblickend dreizehnhundert Jahre Zeitungen. Kann sich jemand vorstellen, wie viele schlechte Nachrichten *die* enthalten würden? Auf die Beschuldigung, man würde die schlechten Zeiten allein schon durch deren Ankündigung schaffen, muß geantwortet werden, daß das schon längst geschehen ist. Man weise der Bibel die Schuld zu, man beschuldige Nostradamus selbst, auch wenn es sich verdächtig danach anhört, als beschuldige man dann den Boten für seine Botschaft. (Man frage sich auch, wie in aller Welt man Nostradamus für die Auswirkungen einer prophetischen Botschaft verantwortlich machen kann, die bis heute niemand vollkommen verstanden hat.) Es ist nun jedoch zu spät, um mich oder irgendeinen anderen Übersetzer oder Kommentator für die kommende Invasion der Asiaten zu beschuldigen, wenn sie denn kommt. Die Zahnräder der Prophetie, sollten sie tatsächlich existieren, haben sich schon vor vielen Jahrhunderten in Bewegung gesetzt. In Zentralasien, im Mittleren Osten oder im früheren Jugoslawien drehen sich längst die politischen und sozialen Zahnräder, unabhängig davon, was ich oder irgend jemand anders dagegen tut – das zeigt schon der flüchtige Blick auf die Zeitungen von heute.

Das vierte Gesetz der Prophetie braucht Zeit, um seine

Wirkung zu entfalten. Hat es sie nicht, besitzt es keine Macht. Seit Jahren benutzen die Möchtegern-Kommentatoren Nostradamus dazu, ein atomares Endgefecht und einen Dritten Weltkrieg zwischen der Sowjetunion, dem Warschauer Pakt und Westdeutschland vorherzusagen, doch nichts dergleichen ist bisher eingetreten. Darüber hinaus kann es nun auch gar nicht mehr eintreten. Man hat den Vorhersagen nicht nur zuwenig Zeit gelassen, um ihren Zauber wirken zu lassen, die in Frage kommenden Teilnehmer sind überhaupt nicht mehr vorhanden, um die Vorhersagen erfüllen zu können. Das soll heißen: Wenn es die Umstände nicht zulassen, kann das Gesetz der Selbsterfüllung nicht zum Einsatz kommen. Auch das vierte Gesetz braucht wenigstens den Anflug von Wirklichkeit, um arbeiten zu können.

Aber wenn es nun zu spät ist, Interpreten wie mir die Schuld für die kommenden schlechten Zeiten zu geben, so bleibt den prophetischen Gesetzen doch noch mehr als genug Zeit, um die guten Zeiten herbeizuführen, die ich ebenso für die ferne Zukunft auf der Grundlage von Nostradamus' Prophezeiungen vorhersage, sind die große Invasion und der Krieg erst einmal vorbei. Dafür gebe man mir dann ruhig die Schuld.

Das menschliche Bewußtsein verändern

Läßt man die Schuldfrage beiseite, scheint es tatsächlich ziemlich gut möglich zu sein, daß sich vergangene Ereignisse in der Zukunft wiederholen, ganz egal, ob sie vorhergesagt wurden oder nicht. Die zukünftigen Gegenstücke, so ist das nun mal, werden sogar noch größer und besser (oder schlechter) sein als die vergangenen. Das liegt wahrscheinlich daran, daß das menschliche Bewußtsein, das die Ereignisse hervorbringt, sich nicht geändert haben wird. Wenn dem so ist, dann ist der einzig verläßliche Weg, das Eintreffen dieser Ereignisse zu verhindern, das menschliche Bewußtsein zu verändern und nicht zu versuchen, Propheten und ihre Ausleger mundtot zu machen.

Und Möchtegern-Missionare sollten sich vor Augen führen, daß das bedeutet, ihr *eigenes* Bewußtsein zu verändern, nicht das anderer Menschen.

Nostradamus' Anliegen

Ob sich herausstellen wird, daß Nostradamus' Vorhersagen die kommenden Geschehen präzise widerspiegeln, ist fraglich. Auch wenn seine Verse oft ein Déjà-vu-

Gefühl verbreiten, kann man wohl kaum verneinen, daß sie vieles enthalten, das überhaupt keinen Bezug zu Ereignissen der Vergangenheit hat, beispielsweise den Luftverkehr. In den Versen fallen die asiatischen Invasoren von Europa auch in Persien ein und stürmen ebenfalls Italien und Frankreich. Sie deuten den Gebrauch von besonders heimtückischen Luftgefechtswaffen an. Sie erwähnen fast nur Nordstern und Dreizack. Sie beschreiben äußerst detailliert die einzelnen Phasen des Feldzugs in Westeuropa, der kein Gegenstück in der Geschichte besitzt. Sie entwerfen sogar eine Art zeitlichen Ablauf für den Konflikt, der keinerlei Bezug zur Geschichte hat.

In dieser Hinsicht sind also alle Prophezeiungen von Nostradamus, die sich entschieden auf die Vergangenheit beziehen, bisher noch nicht erfüllt. Sie sind gleichzeitig bemerkenswert genau und einheitlich, eng miteinander verknüpft. Konsequenterweise stehen und fallen sie deshalb gemeinsam. Alles in allem bedeutet dies folgendes: Entweder bewahrheiten sich die noch ausstehenden Sprüche des Nostradamus in der Zukunft mehr oder weniger *en bloc*, oder sie sind schlicht und einfach falsch, Seite für Seite. Letzteres kann nicht einfach vertuscht werden. Wir haben ja schon gesehen, daß Nostradamus manchmal tatsächlich die genaueren Angaben durcheinanderbringt, bisweilen sogar vollkommen verdreht. Wir wissen, daß er oft die Beweggründe der Menschen verwechselt und alles Apokalyptische übertreibt. Wir sind uns seiner Neigung vollkommen bewußt, alles in Rätsel zu fassen, die mehr als nur eine Interpretation zulassen.

Aber daß Nostradamus sich so vollständig und umfassend geirrt haben könnte, daß ein Großteil seines Gesamtwerkes überhaupt nicht auf die Zukunft anzuwenden ist, die es beschreibt, scheint sehr unwahrscheinlich – besonders, wenn man bedenkt, daß ihm sogar seine größten Kritiker zähneknirschend genaue Vorhersagen in der Vergangenheit zugestehen. Hätte er in nur ein oder zwei Sprüchen hin und wieder eine asiatische Invasion angedeutet, wäre es uns wohl möglich gewesen, ihn der flüchtigen Verirrung zu bezichtigen oder vereinzelte Treffer in dieser Richtung schlicht als Strohfeuer zu erklären. Aber das tat er nicht. Er hörte überhaupt nicht mehr damit auf, beschrieb die Invasion immer wieder und erschreckend anschaulich. Deswegen war er entweder ein verirrter Narr, der sich öfter irrte, als daß er recht behielt, oder wir müssen die Möglichkeit ernsthaft in Erwägung ziehen, daß seine Vorhersagen einen Funken Wahrheit enthalten.

Was können wir tun?

Vielleicht beabsichtigte er gar nicht mehr. Wenn die Erfüllung solcher Vorhersagen nicht unumgänglich ist, dann sind unsere eigenen Reaktionen von großer Bedeutung. Wir haben noch immer die Wahl: Wir können dafür sorgen, daß unsere Gedanken und Handlungen nicht so beschaffen sind, daß sie die Geschehnisse nach sich ziehen, die wir am stärksten zu vermeiden suchen. Wir können unsere religiösen Wortführer ermutigen, egal ob Moslems oder Christen, gegenseitig Respekt und Toleranz zu üben. Wir können auf frühzeitige Warnzeichen der vorhergesagten Ereignisse achten. Wir können uns aussuchen, wo wir leben wollen, und bei der Wahl des Wohnorts die Gegenden vermeiden, die wahrscheinlich am schlimmsten getroffen werden (man erinnere sich, daß eine große Zahl der nostradamischen Vorhersagen deutlich zum Ziel hat, die Bevölkerung der betroffenen Gegenden zu warnen). Wir können unsere Politiker unter Druck setzen, damit sie ein geeignetes prophylaktisches Programm entwickeln, versuchsweise Ausweichpläne entwerfen und angemessen reagieren, wenn die Geschehnisse langsam näherrücken. Wir können unser Militär drängen, geeignete Vorsichtsmaßnahmen allgemeiner Art zu treffen. In unseren Häusern (wenn wir zu den Glücklichen gehören, die welche besitzen) können wir uns ein wenig besser gegen eine soziale Störung wappnen, indem wir unsere eigene Brennstoffversorgung sicherstellen, unseren Energieverbrauch reduzieren, alternative Energiequellen benutzen, unsere eher einfachen Heizmöglichkeiten und Beleuchtungsarten bewahren, unsere eigene Nahrung anbauen, unsere alten hand- und fußgetriebenen Maschinen nicht ausrangieren und in allen Bereichen unseres Lebens wieder neu lernen, wie man herstellt, repariert und wiederverwertet. Wer gewarnt ist, so sagt man, ist gewappnet. Und wenn es sich tatsächlich herausstellen sollte, daß sich Nostradamus so gründlich geirrt hat, daß solche Vorkehrungen überflüssig sind, dann wären doch die daraus erwachsenden Vorteile für die Umwelt auf unserem Planeten ein nicht zu hoher Preis.

Nur ein toter Prophet also oder ein hoffnungsloser Fall? Die Zeit wird es zeigen. Aber wenn die Kritiker wirklich beweisen wollten, daß er sich so sehr geirrt hat, wie sie es gerne hätten, dann täten sie das am besten nicht, indem sie es einfach *behaupten* und zum Beweis die nicht gerade überzeugende Begründung anführen, daß er gegen ihre vorgefaßten Theorien verstößt. Statt dessen müßten sie es mit eigenen Taten *beweisen*, das heißt, sie müßten verschiedene Schritte unternehmen, die die

Bewahrheitung seiner Vorhersagen entweder unmöglich machen oder deren Auswirkungen mildern, sollten sie doch einmal eintreten. Dann erst dürften sie berechtigt behaupten: »Ich hab's euch doch gesagt.«

Und ich bezweifle nicht im geringsten, daß Nostradamus der letzte wäre, der dagegen etwas einzuwenden hätte.

Bibliographie

Brennan, J. H., *Nostradamus; Visions of the Future* (Aquarian, 1992)
Cannon, D., *Conversations with Nostradamus: His Prophecies – Explained*, Vol. 2 (America West, 1990)
Cheetham, E., *The Final Prophecies of Nostradamus* (Futura, 1989)
Cheetham, E., *The Prophecies of Nostradamus* (Corgi, 1973)
Clarke, A. C., *Profiles of the Future* (Pan, 1973): quotations by kind permission of David Higham Associates
Dixon, J., *My Life and Prophecies* (Muller, 1971)
Fontbrune, J.-C. de, *Nostradamus I: Countdown to Apocalypse* (Pan, 1983)
Glass, J., *The Story of Fulfilled Prophecy* (Cassell, 1969)
Hewitt, V. J. and Lorie, P., *Nostradamus: the End of the Millennium* (Bloomsbury, 1991)
Hogue, J., *Nostradamus and the Millennium* (Bloomsbury, 1987)
Laver, J., *Nostradamus or the Future Foretold* (Mann, 1973)
Lemesurier, P., *The Armageddon Script: Prophecy in Action* (Element, 1981): quotation by kind permission of Element Books Ltd.
Lemesurier, P., *Gospel of the Stars: The Mystery of the Cycle of the Ages* (Element, 1990)
Lemesurier, P., *The Great Pyramid Decoded* (Element, 1977)
Lindsey, H., *The Late Great Planet Earth* (Lakeland, 1970)
Loog, C., *Die Weissagungen des Nostradamus* (Berlin, 1921)
Pitt Francis, D., *Nostradamus: Prophecies of Present Times?* (Aquarian, 1984)

Prophecies of Nostradamus, The (Avenel, N.Y., 1975)
Roberts, H. C., *The Complete Prophecies of Nostradamus* (Grafton, 1985)
Sabato, M. de, *Confidence d'un voyant* (Hachette, 1971)
Sabato, M. de, *25 ans à vivre?* (Pensée Moderne, 1976)
Tomas, A., *Beyond the Time Barrier* (Sphere, 1974)
Woldben, A., *After Nostradamus* (Spearman, 1973)